子どもが輝く 道徳授業

中学校道徳科の授業づくりから

監修・著作者

七條正典

柴原弘志

編著者

植田和也

荊木　聡

浅部航太

村田寿美子

鈴木賢一

あかつき教育図書

はじめに

「欠点や弱点のない人間はいない。誰の心の中にも弱さや醜さがある。同時に、人間はその弱さや醜さを克服したいと、願う心をもっている。」
(『私たちの道徳 中学校』文部科学省（2014）)

「特別の教科 道徳」の１時間は、誰の中にもある良心、その良心に問いかけ、自己をしっかりと見つめる時間です。自らの良心の声に耳を傾け、自己の人間としての生き方を考える貴重な機会です。とりわけ、心身共に大きく成長を遂げる中学校３年間における道徳科の時間は、人格の基盤となる道徳性の育成においてかけがえのない学びの時間なのです。

本書は、そんな中学校における道徳科の授業づくりに関して、これまで道徳科の研究授業にあまり取り組まれてこなかった先生や、道徳授業に関心があまりなかった先生方にとっても分かりやすく、実践の一助となることを心がけて編集しました。

第１章では、「心に残る中学校道徳科の授業」として、自身が感動した授業や生徒の心を揺さぶる授業など、強く心に残っている中学校道徳科の授業を紹介しています。心に響き残る授業の要因は何なのか、探っていきます。

第２章では、「授業づくりで大切にしたいこと７」として、授業づくりで大切にしたいポイントを７つに整理し提示しています。今日から生かせる授業づくりの大切にしたい考え方やコツを紹介しています。

第３章では、「深い学びにつながる授業づくりＱ＆Ａ」として、授業の具体的な場面におけるお悩みについてお答えしています。授業実践のプロたちは、授業中の一瞬一瞬にどんなことを考え、判断しているのか。ふだん見えにくい部分を見える化しながら、授業づくりのいろはを示しました。

第４章では、「授業力・学校力を上げる校内研修」として、授業力を向上させるために効果的な取り組みを紹介しています。校内研修での時

短の工夫や、ローテーション道徳、リレー道徳など、多種多様な工夫を参考事例も交えて分かりやすく示しています。

第5章では、「管理職や道徳教育推進教師への期待」として、中学校の管理職や道徳教育推進教師ができること、すべきことを示しています。学校全体の道徳教育を牽引してくための具体的に取り組めそうな視点を意識してまとめています。

昭和33年に「道徳の時間」が特設されてから今日に至るまで、道徳教育の充実のためにさまざまな取り組みが行われてきました。そのような、これまでも大切にされてきた我が国の道徳教育の基本的な姿勢を大事にしながら、目の前の授業における課題を把握していくことで、これからの道徳教育が一歩一歩充実・改善されていくことを願ってやみません。

「教育の道は子どもの存在とともに始まる」（鰺坂二夫『教育学』ミネルヴァ全書、1991、p.4）

ぜひ、目の前の生徒の考えや表現をしっかりと聴くこと、受容することを大切にしながら、生徒と共に教師も考え学びを深めていっていただきたいものです。

最後になりましたが、本書執筆にご尽力いただきました先生方に対しまして、心より御礼申し上げます。また、七條正典先生、柴原弘志先生には、監修のお立場から貴重なご指導ご助言を賜りましたことに深く感謝申し上げます。加えて、あかつき教育図書の細井ミエ氏には、本書の企画・構想当初より発刊に至るまで、さまざまな視点から労を取っていただきました。重ねて心より感謝申し上げます。

本書が、多くの皆様方にご活用いただき、中学校道徳教育の充実にいくばくかでも寄与できれば誠に幸甚であります。

令和6年2月

植田和也

Contents もくじ

第4章 授業力・学校力を上げる校内研修

第5章 管理職や道徳教育推進教師への期待

第 1 章

心に残る
中学校道徳科の授業

心が震えた授業、生徒たちの心を揺さぶる授業……、
感動は教室の中にあるのです。
幸運にもそんな授業に出会ったり、自身が実践した記憶を
道徳のプロたちが紹介します。

生徒の心に響く教材を活用した授業

■心に響く教材『語りかける目』との出会い

　『語りかける目』（あかつき教育図書）、この教材と出会ったのは、平成9年2月に開催された「明日の学校と教育を考える」（文部省主催）という会の分科会でした。阪神・淡路大震災の後、兵庫県教育委員会によって、防災教育の副読本が作成されました。作成にたずさわられた方は、「大地震という自然の力の前で、人間の力がいかに小さいか思い知らされた。防災教育は、災害から身を守る教育としてだけでなく、被災した後そこからいかに立ち直るか。その力を、災害が起こってからではなく、常日頃から育んでおくことが大切」という趣旨のお話をされました。そして、その視点に立って『語りかける目』の話を紹介されました。

　『語りかける目』は、震災によって、業火に巻き込まれ亡くなった母親の骨を焼け跡の中から見つけ出し、それを「ナベ」の中に入れて、仮の遺体安置所になった体育館の中でじっと見つめていた少女が警察官に語った話です。この話は震災後、警察官の手記として新聞にも掲載され、多くの人が涙し大きな反響を巻き起こしました。読む者の心に訴えかけるものをもっているのです。このような話を、生徒の内面に働きかけ、その心をしっかりと耕す「心に響く教材」として活用することこそ、生徒の心に残る授業の第一歩になると思います。

■『語りかける目』を活用した授業

　『語りかける目』の授業は多くの先生方によって実践されています。なかでも、東京都地区公開講座として行われた「少女と『ナベ』の中の母は何を話しているのだろう」という、少女と母の対話を通して考えさせた授業が印象深く心に残っています。一人一人の生徒が、今後どのよ

うな苦難に遭遇しても、それを乗り越えていく力（見方や考え方）を身につけられるような思いがしました。

　教科化以後も、この教材は教科書に掲載され続け、全国で実践が積み上げられています。実践例として、平成23年に発生した東日本大震災の映像を活用し、この教材を提示した授業もありました。津波の脅威をまざまざと映像で観た記憶も次第に薄れつつある中、生徒にリアルに迫るものがあったのでしょうか、「この少女は今どうしているのだろうか。」と、少女のその後に思いをはせる感想を寄せた生徒もいました。

■なぜ生徒の心に響くのか

　生徒の心に響く教材の中には、感動教材や、ヒーロー、ヒロイン、あるいは偉人を扱った教材など生徒の日常とかけ離れ、自らの生き方とつないで（自分事として）考えることが難しいものも多くあります。

　生徒の心に響く教材を活用する場合、第一に留意することとしては、生徒が教材の主人公の思いに寄り添って（自我関与して）学べるよう、教材と生徒をつなぐような指導上の工夫が不可欠です。『語りかける目』の授業では、教材提示の前に、東日本大震災の映像を流すことで、臨場感をもって少女の思いを共感的にとらえやすくなります。また、展開段階で、先述のように「ナベ」の中の母の骨を見つめている少女の心を、役割演技（少女と母との対話）を通して考えさせることで、少女の思いに寄り添った（自我関与した）学びも可能になります。

　第二は、うまくいった（悩みや課題を乗り越えた）結果だけに焦点を当て、それを生徒にとらえさせようとする授業をよく見かけますが、大切なことは、結果だけでなくそこに至る過程をこそしっかり見つめ考えさせるような指導です。

（七條正典）

道徳授業の神髄に触れる

■宿題の披露から始まった「とんでもない授業」小学校編

　「心に残る道徳の授業は何ですか。」と問われるとき、必ずと言ってよいほど思い出される、当時の私にとりましてはある種「とんでもない授業」があるのです。それは、今から40年ほど前に、ふと出会った小学校４年生の授業です。

　大学を卒業して赴任した最初の中学校が、「小中連携」を学校経営の柱の一つにしていた経緯もあり、まさに「ふと立ち寄った」小学校での道徳の授業でした。

　授業冒頭、「１週間前から宿題にしていた、あなたたちの『しんゆう』を返します。」と言う担任の先生の手から、クラス児童の『しんゆう』をまとめたプリントが、各列に配られていきます。児童一人一人が、自分の友はどういう友なのか。あるいは、自分はどういう友でいようとしているのか。そうしたことを、「しん」と読める漢字一文字に表現した「しん友」とその内容の説明が記入された短冊をまとめたプリントです。配られるや否や、そのプリントの『しんゆう』たちに釘づけになっていく児童の姿と彼らの『しんゆう』たちに、まず圧倒されました。

　「親友」「信友」「新友」「神友」「心友」「森友」「進友」「伸友」……。その数にも驚きましたが、彼らの多様な「友達観」に圧倒されたのです。一瞬頭をよぎった『学年別漢字配当表』の存在も、いつしか消え、クラスの仲間からの『しんゆう』の説明に、心から聴き入る児童一人一人の姿が忘れられません。友情をテーマとした教材も準備されていたのですが、『しんゆう』交流という「導入」に30分を費やされた、まさに「とんでもない授業」であり、児童一人一人が生かされたすてきな授業でした。

■「しん友」の語り合い・聴き合いに観た「心に残る授業」中学校編

　この「しん友」アンケートともいえる取り組みに関して、中学校での道徳の授業においても忘れられない実践があります。

　授業冒頭で配付された中学校版『しんゆう』には、小学校で目にしたもの以外としては「真友」「身友」「審友」「芯友」「清友」「侵友」「深友」「震友」……等々、さすがに中学生です。より多様な『しんゆう』が紹介され、何人かの生徒から、その「しん」に込めた意味が語られていきました。その中の一人が書いていたものが、「針友」だったのです。

　その生徒が我が友について語ってくれました。「僕の針友とは、皆も知っている彼のことです。」他の生徒が全員、ある生徒に注目し、なぜか多くが笑みを浮かべています。彼の言葉は続きます。「あいつは、僕のだめなところをチクチク言ってきます。だから、針友なんです。」さらに続きます。「でも、あいつは僕のことを思って言ってくれていることは分かっています。だから僕もあいつのだめなところは言うようにしているんです。」そして一言。「あいつは絶対にツボを外しません。」３秒ほどあとに、あちらこちらで笑いが起きました。慌てて、彼は言います。「そんな（笑いをとる）意味で言ったのではない。」

　担任の先生がフォローされました。「お互いに相手のことを正しく理解し合っているということかな。」と。また３秒ほどあとに、今度はクラス全体から「オオー。」という歓声があがったのです。先生の言葉は、『学習指導要領解説』の「友情、信頼」の説明にある内容の一部に触れられたものです。「友情、信頼」のある本質的な側面が、彼らなりに、しかも人間としてのよさとしてもとらえられていることに驚かされたのです。

　自己内対話からメタ認知された多様な内容について、聴き合い、語り合える環境の中での学習から、深い学びへと導かれる道徳の授業の神髄に触れさせていただけたと感謝している、私の心に残る授業です。

（柴原弘志）

教材の力、問いの力
―『風に立つライオン』

■実話という教材の力

　中学校の教室をイメージした大学生による模擬授業（卒業前の教職実践演習）のときのことです。教師役の学生、生徒役の学生、そして私も一緒になって涙を流した授業がありました。今も心に残る授業としてよみがえってくるのです。

　『風に立つライオン』は、『中学生の道徳』（あかつき教育図書）に収録の人気教材です。主人公の青年医師は自分の理想を実現するために愛する人と別れ遥かアフリカに赴きます。そこで、彼女から結婚報告の手紙を受け取ります。その返信が『風に立つライオン』（歌詞さだまさし）で、アフリカでの生活とそこでの多くの感動が描かれています。そして自分は、「風に向かって立つライオンでありたい」と信念を語り、「おめでとう、あなたの幸せを祈る」といったことを彼女に伝えます。この歌詞の内容は31歳で青年海外協力隊としてアフリカのケニアに赴き、巡回医療にたずさわった柴田紘一郎さんをモデルにしているといわれています。

　授業のねらいは「真理を愛し、真実を求め、理想の実現を目指して自己の人生を切り拓いていく。」でした。「風に向かって立つライオンでありたい」という主人公の生き方は、苦しんでいる人々のために身を捧げるという高い志をもった気高い生き方であり、生徒にとっては、理想の自己を求めて生きることの大切さを考えることができる授業です。また、実話に基づいて作られたことから、生徒は真実性をもってとらえ、その世界に身を置いて考えるようになる教材でもありました。

■発問を通して共に考える

　学習指導案は教師用指導書を参考にしていましたが、第一発問は、「も

しあなたが恋人なら応援するか、止めるか。」でした。「知らない国での生活を心配し、愛する人と離れたくないから止める。」という現実的な考えや、「好きな人だから輝いてほしい。」「自分の人生を大切に夢を叶えてほしいので応援する。」など、学生たちはどんどん自分の思いや考えを述べ合いました。

さらに、第二発問で「もしあなたが医師なら、行くか行かないか。」と問いかけたところ、「恋人との幸せな生活を考えると行けない。」という考えや「助けを求めている人たちのために役立ちたい。」「一度の人生悔いのない生き方をしたいので行く。」などの考えや、それに対する質問としての考えも出され、白熱した意見交換もありました。

登場人物に自分を重ね、ストレートに自分を表現することで、まるで授業を離れて自分の気持ちや考えを述べ合っているようでした。中心的な発問として「主人公が『風に向かって立つライオンでありたい』とは、どんな生き方だろうか。」と問いかけたところ、「自分の理想に向かって進み続ける生き方。」や「逆風に向かってくじけず、志を貫く生き方。」などの考えが述べられました。

そして、「分かるけれど、でもつらいよね。」という教師役の学生の一言をきっかけに、「そうだ、やっぱりつらい。」と話し合いが広がりをみせました。ここで見守る立場の私も思わず話し合いに参加し、「つらいよね、でも最後にはおめでとうと言っている。みんなはおめでとうと言いますか。」と揺さぶりました。「言うとつらくなるので言わない。」「言いたくないけど言う。社交辞令みたいなもの。」という現実的な意見に対し、「ライオンになるためにも言う。言って自分を奮い立たせたい。」と私の発言が学生たちの自己内対話を促したのか、みんなうなずいていました。

最後は、『風に立つライオン』の曲を流し、聴いていた学生はみんな涙を流していました。私も込み上げてくるものを押さえるのがやっとでした。

（田邊重任）

今でも思い浮かぶ
「聴く」生徒たちの姿

■「静かな」授業、しかし、「活気のある」授業

　心に残る中学校の授業は、生徒が粛々と意見を交換する「静かな」、それでいて生徒の内には「活気のある」授業でした。

　教材は『タッチアウト』（あかつき教育図書）。自分の落球をごまかしたことでチームが優勝してしまった主人公の青島君が悩む姿を通して気高く生きようとする心に気づかせる教材です。導入では、授業者である学級担任の先生が「今日はこの教材についてみんなで考えます。」と述べて教材を範読しました。その後、いきなり初発の発問で「そもそも主人公の青島君はなぜこんなに悩んでいるのだろうか。」と中心発問を投げかけたのです。生徒の中にはぼんやりと範読を聞いていた者もいて、慌てて教材を読み返していました。どの授業でもよくある光景でした。

　教室内はしばしの静寂のあと、それを破るかのように一人の生徒が自ら手をあげ発言したのです。

　「僕は主人公の青島君の気持ちが分からない。審判の判定は絶対的なものです。その判定に仮に疑問や間違いがあっても覆されることはほとんどありません。甲子園の高校野球では審判の判定に抗議すらできないと思います。それなのに青島君はなぜこんなに悩んでいるのか理解することができません。」

　この発言に対する反論から生徒間の話し合いが始まります。審判の判定は絶対的であっても「青島君は悩んでいる、苦しんでいる」というその気持ちについて、いろいろな意見が発表され話し合いが行われました。

　授業冒頭の教師の「問い」が次の「問い」を生み、その「問い」は教師が発する「問い」ではなく、生徒の発言の中から生み出される「問い」で、「問い」が「問い」を生み「発言」が連鎖してドミノ倒しの様相を

呈して授業が進んでいきました。青島君の「誠実さ」について、それぞれの生徒が自分の今までの体験や経験から感じたことや考えたことを互いに忌憚なく発表し合いながら授業の終末を迎えました。

　終末では教師が「道徳ノート」を配付して「今日の授業で感じたことや考えたこと」をまとめるよう生徒たちに求めました。すると、授業中、発言していた生徒も、一度も発言していない生徒も、共に短時間で一気に「道徳ノート」を書き上げ授業を終えました。

■この心に残る授業から学ぶこと

　50分の授業で発言することのできる生徒の数には、限りがあります。では発言していない生徒は、その授業に参加していないのでしょうか。

　それは終末で「道徳ノート」に生徒たちが「自分の感じたことや考えたこと」をまとめる様子からうかがい知ることができました。どの生徒も少なくない量の文章を「一気」に書き上げたのです。この事実は学級全体が話し合いに参加していた証です。発言の有無に関わらず自分の中にさまざまな葛藤があり思いがあり、それが「道徳ノート」をまとめる際に一気に表出したのです。

　最も感心したのは、ただ「聞く」のではなく、よく「聴く」生徒の姿でした。他の生徒の発言に耳を傾けてよく聴き、自分が感じたことや考えたことと突き合わせて吟味しています。そのことが「道徳ノート」の記述から分かりました。

　生徒の「個別最適・協働的な学び」が求められる現在、この授業はまさに個の学びの姿を具体化したものではないでしょうか。学級の仲間の発言をよく聴きながら一人一人の生徒が個別に自分の考えを見直すため自己内対話をしています。自分が発言するかしないかに関わらず、仲間の発言に聴き入ることで協働的に話し合いに参加しているのです。そのような生徒の姿が現在でも目に浮かびます。

（齋藤嘉則）

音楽の教師による歌を取り入れた
「語り」の授業

■「語り」の授業

　音楽の教師が心に染みる歌を流し、穏やかな口調で自作教材を提示する「語り」の授業が印象深く心に残っています。教師がコンサートを視聴して、音楽を通じて心が震えた感動を子どもたちに学んでほしいという思いが実現した授業です。教師の穏やかな人柄や落ち着いた子どもたちの態度―時の流れがこの教室、この授業の中は、違っていました。心を育む道徳授業の大切さをしみじみと感じ、今も忘れられません。

　まず、音楽教師は『なだそうそう』を歌うテノール歌手であり牧師の新垣勉さんの印象を生徒に問いました。このとき、「優しい」「ゆったり高い声」というような感想に対し、先生は「『アマービレ』(イタリア語で愛らしく、または優しく演奏するという意味)を感じたのですね。」と専門性を生かしながら、曲の解説を加えていきました。感想を求めるだけでなく、歌い手の人柄や音楽用語に自然と触れさせていたのです。

【教材】　オンリーワンの人生を生きよう【B-6「思いやり」】

【内容】　沖縄米軍兵の父と日本人の母の間に生まれた新垣勉さんは、生後まもなく事故により失明。父母に対し強い憎しみを抱き、「自分ほど不幸な人間はいない」と考えていた。祖母の他界と同時に天涯孤独となった新垣さんだったが、ある牧師との出会いにより、立ち直るきっかけを得た。

　その後、声楽を学び、「声は父からの贈り物」「歌えるのは、母が産んでくれたから」「憎しみから許しへ、許しから感謝へ」と変わっていった。

【展開】　①新垣さんが歌う『なだそうそう』を聴く。

　　　　　②新垣さんの紹介。

　　　　　③新垣さんの気持ちの変化を問う。

　　　　　④お父さんへの思いを歌った『さとうきびばたけ』を聴く。

■歌手の生き方から学び、自分との関わりでとらえる

　そのうえで、新垣勉さんについての紹介・語り合いが始まりました。

　その生い立ちや新垣さんに寄り添い、一緒になって泣いてくれた牧師さん。これらのことについて、静かに「このことについてどう思いますか？　どうしてそのように思ったのですか？」と問う教師の姿勢は、ゆったりと生徒の意見を受容しているように見えました。また、そのような雰囲気の中で、生徒たちが真剣な眼差しで語り合う姿が印象的でした。

　分かりきった言葉を求めるのではなく、一人の人間が「恐怖や憎しみ、孤独にさいなまれながらも、歌を歌うことに没頭する姿勢。そこから、憎しみから許しへ、許しから感謝へ」と変わる心の内を、教室にいるみんながじっくりと考えていました。ねらいとする道徳的価値は「思いやり」ですが、生徒たちは語りながら、「感謝」「寛容」「よりよく生きる」と複合的な部分へとその見方や考え方を広げていったのがとても印象的でした。

　生徒の感想には、「悲しみや怒りの気持ちから、自分の考えを変えていったことに感動しました。僕も自分の人生を輝かせたい。」「自分の人生をこれでよかったと思えるように生きたい。」「自分のよさを見つけ、自分を大切に思えるように生きたい。」など、新垣勉さんの生き方から学び、自分との関わりでとらえているものが多くありました。

　教材の力と共に、子どもを思う専門教科の教師の持ち味を生かした授業は心に響きました。この授業を隣のクラスでも受けてほしいという思いから本格的にローテーション道徳に踏み切る契機となった授業でした。

（坂井親治）

17

第2章

授業づくりで
大切にしたいこと
7

授業づくりでは、何を大切にしたらよいのでしょうか？
考えることがたくさんある中、
押さえておきたい7つのポイントを
効果的な具体例を交えて、示していきます。

ポイント 1 子どもを理解する

■道徳授業における主体的・協働的な学びの成立と「子ども理解」

　道徳教育及び道徳科の目標からも分かるように、道徳科の授業においては、生きる主体である生徒が自らの生き方について主体的・協働的に学べることが不可欠です。そして、何よりもまず子どもが学ぼうとする内容（道徳的諸価値）について、自らのこととつなげて（自分事として）考えられるようにすることです。

　そのために、教師は、適正な指導・支援をする必要がありますが、その前提となるのが「子ども理解」です。「子ども理解」なくして、道徳科の特質を生かした学習は成立しないともいえるでしょう。「子ども理解」は、主体的・協働的な授業づくりの基盤として大切なものです。

■子どもの「何を、どのように」理解するか

　教育における「子ども理解」は、一般的には教師が子どもの学習指導や生徒指導を効果的に行うための手段としてとらえられがちです。しかし、道徳教育における「子ども理解」はまさに子どもの主体的・協働的な学びに直接的に関わるものです。したがって、道徳教育においては、子どもの課題意識や道徳教育上重要な子どもの価値観につながるものとして、「子ども理解」を目的的にとらえることが大切です。

　子どもの何を理解するかについては、子どもの能力や特性、生育歴や成育環境、子どもが抱えている問題状況等、表面的な理解にとどまらず内面も含め、子どもの生活圏全体の理解に努めることがあげられます。

　子どもをどのように理解するかについては、実際に道徳科の授業に臨む際には、事前のアンケートや生活実態から、内容項目に関する課題意識や子どもの価値観を把握することができます。また、これまでの道徳

科での発言や道徳ノートやワークシートへの表現物も、子どもを理解するうえで重要な手がかりになるでしょう。加えて、前述の問題状況や内面理解を深めるには、日常生活においてしっかりと見ていくこと、声にならない心の声を聴こうと努めることも大切です。授業前に把握できること、授業中の発言で気づかされること、授業後にノートから理解できることもあります。

■「子ども理解」を進めるうえでの留意点

　第一は、何よりも受容的・共感的な「子ども理解」に努めることです。子どもの個性の発見や、よさや可能性の伸長に着目した教師の受容的・共感的な姿勢は、子どもの自己受容や自己理解を促し、子どもが自信をもち他者と意欲的に学ぼうとする姿勢をもつことにつながります。

　第二は、多面的、総合的な「子ども理解」に努めることです。一人の教師による理解だけでは、どうしても一面的・主観的になります。子どもを複数の目で多面的視点からとらえるとともに、得られた情報を総合的に判断することで、より幅広く、深く子どもを理解することができます。道徳の授業は担任教師が行うことが原則とされていますが、これからは、チームとして、組織的・協働的に道徳教育を推進する視点から、道徳の授業を学級担任以外や複数で行うことにより、複数の教師による多面的・総合的な「子ども理解」も可能となります。

　第三は、教師と生徒との信頼関係を深める「子ども理解」に努めることです。単なる理解のための理解ではなく、子どもにとっての学びにつながる真の「子ども理解」に教師が努めるとき、子どもは「教師理解」を深めるとともに、その教師を受け入れ、互いの信頼関係に基づく教師と生徒が一体となった学びの場が成立することにつながります。

（七條正典）

ポイント 2 | 「深い学び」とは何か

■「深い学び」としての内容知

　ここでは、『中学校学習指導要領解説』（以下、解説）に示された「道徳科の目標」「道徳科の内容」及び「道徳科における生徒の学習状況及び成長の様子についての評価」の説明に基づき、道徳科における「深い学び」を、学習者の立場から「何を学ぶか」（内容知）と「どのように学ぶか」（方法知）から考えてみましょう。

　解説では、「自立した人間として他者と共によりよく生きるための基盤となる道徳性を養うには，道徳的価値について理解する学習を欠くことはできない（p.15）」と説明しています。したがって、道徳科における「深い学び」としての内容知の中核には「道徳的価値」を据えることができます。しかしながら、それは観念的な理解にとどまるのではなく、教材を通して、体験をもとに自己を見つめ自己内対話を深める中で得られる実感を伴う理解です。さらに他者理解や人間理解を伴い、人間としての自己の生き方につながるより深い理解・自覚が求められます。

■「深い学び」としての方法知

　道徳科における生徒に対する「評価の視点」例は、解説では次のように示されています。

【学習状況等に関する評価の視点例】（道徳科では、「観点別評価」はなじまず個人内評価）

◆一面的な見方から多面的・多角的な見方へと発展させているか。

①道徳的価値に関わる問題に対する判断の根拠やそのときの心情を様々な視点からとらえ考えようとしているか。

②自分と違う立場や感じ方、考え方を理解しようとしているか。

③複数の道徳的価値の対立が生じる場面において取り得る行動を広い視野から多面的・多角的に考えようとしているか。

◆道徳的価値の理解を自分自身との関わりの中で深めているか。

④読み物教材の登場人物を自分に置き換えて考え、自分なりに具体的にイメージして理解しようとしているか。

⑤現在の自分自身を振り返り、自らの行動や考えを見直しているか。

⑥道徳的な問題に対して自己の取り得る行動を他者と議論する中で、道徳的価値の理解を更に深めているか。

⑦道徳的価値を実現することの難しさを自分のこととしてとらえ、考えようとしているか。

　ここに示されているのは、道徳科における生徒の学習状況等に関する「評価の視点」例であり、道徳科の授業において生徒に求めている学びの姿（方法知）を示したものとなっています。そして改めて考えてみますと、ここに示された方法知は、道徳科における方法知のみならず実は人間が「さまざまな場面、状況において、道徳的価値を実現するための問題状況を把握し、適切な行為を主体的に選択し、実践できる」ための方法知を示したものともいえます。前述の下線を付した姿は、すなわち道徳科を要として取り組まれる道徳教育における「深い学び」としての資質・能力である道徳性の働いた姿としてとらえられるものでもあります。

　今日、各学校においては道徳科の授業が量的に確保されるなかで、学習状況等に関する評価も定着してきており、より質の高い学習指導へと改善が図られているようです。そこでは、授業中やワークシート等の返却時も含め、生徒への評価のフィードバックにも工夫された取り組みが見られます。生徒一人一人に対して、その学習状況や道徳性に関わる成長を温かく見守り、「評価の視点」から導き出される評価語（「～できてるね」等）を適時語りかけるなどして生徒自身の意識化を図り、そうした方法知をさらに身につけさせ、より豊かな道徳性を育みたいものです。

（柴原弘志）

ポイント 3 | 自己を見つめて考える

■自己を見つめること

　中学校2年生の道徳科学習指導案に記載されていた意識調査の一部です。「道徳科の授業では、自分のことを振り返りながら考えている、肯定的回答79％」「道徳科の授業では友達と話し合うなどして、自分の考えを深めたり広げたりしている、肯定的回答93％」（植田、2022、p.22）。道徳科の授業では、振り返りや友達との話し合いの時間が確保され自己を見つめて自分事として考える機会となっていることがうかがわれます。

　道徳科の授業で、生徒が自己を見つめて考えるといっても容易なことではありません。しかし、特に意識しないでも生徒自身が自分ならと思考したり、自分にもよく似た経験を想起したりする場面や発言を見聞きすることもあるものです。

　『中学校学習指導要領解説』（以下、解説）では、「他者との対話などを手掛かりとして自己との関わりを問い直すこと（p.15）」、「自分はどのように生きるべきかなどについて，時には悩み，葛藤しつつ，生徒自身が自己を見つめることによって，徐々に自ら人間としての生き方を育んでいくこと（p.16）」、「自分との関わりも含めて理解し，それに基づいて内省すること（p.16）」、「自己や他者と対話することで，自分自身を振り返り，自らの価値観を見つめ，見直すことになる（p.94）」といった自己を見つめること、自分事として考えることの意義や大切さに関わる表現も多様に確認することができます。

　自己を見つめるとは、柴原の言葉を借りれば「自分が自分に自分を問う」ということです。まさに、自己のものの見方や考え方、生き方を自分自身に本当にそれでよいのだろうかと、これまでの経験や価値観を手がかりに再確認し冷静に見つめ直そうとする瞬間でもあります。

■生き方についての深い自覚が生まれる "接点"

　解説（p.17）には、「人間についての深い理解と，これを鏡として行為の主体としての自己を深く見つめることとの接点に，生き方についての深い自覚が生まれていく。」と表現されています。まさに哲学的思考を基盤に自己を深く見つめることから、生き方への深い自覚につながる "接点" の肝要さが明記されているのです。

　では、道徳科の授業において、どのような機会や場面が接点となるのでしょうか。当然、教師と生徒のとらえ方のズレや個々による違いもあることでしょう。例えば、道徳科の授業において、教師からの発問を受けて深く思考する際に、話し合いや交流活動で友だちの考えを受容しそれに対して自己の考えを明確にする際など、道徳科のさまざまな場面で自己を深く見つめる機会があるでしょう。

　授業の展開で、問題場面を自分に当てはめて考えてみることを促す発問として、「あなたなら、～のことを考えると、どうしますか。」「もし、あなたが主人公の○○なら、どのような気持ちですか。」などもよく見られます。大切にしたいことは、単に望ましいと思われるきれいごとの発言に終始するのでなく、人間についての深い理解を大切に悩みや葛藤も含めて、生徒自身が深く自己を見つめようとする姿勢です。教師は焦らずに、多少の沈黙や静をおそれずに、共に考えながら待つ姿勢、じっくりと聴く姿勢で共感的に受け止めていきたいものです。

　また、話し合いにおいても他者の意見や考えを共感的に受け止めながら、道徳的な理解の際に自分のフィルターを通して、「もし、自分なら…。」「自分の考えと違うが、本当にそうだろうか。」とより深く吟味しようと思考する過程や場面もあることでしょう。

　接点は、あるときは沈黙のなかで、時に自己の内面に向かっての静かな内省の過程にあるのかもしれません。生徒と共に感じてみたいものです。

（植田和也）

ポイント 4 | どこから、何を問うか

■基本的な考え方

　道徳科の目標に照らせば、「①道徳的価値の認識」、「②自己の省察」、「③人間としての自己の生き方に対する展望」が重要となります。①を基に、②③を多面的・多角的に考え議論するわけですから、まずは①に関して問うことが基本です。具体的には、「心が変容・深化する場面での登場人物の思考や心情」、「道徳的価値とは似て非なる行為」等を通して、道徳的価値の新たな側面に対する認識を広げ深めます。

　②に関しては、「価値実現の別手段との比較対照」や「価値の実現度等に対する評価」に向けた「立場表明と根拠・理由」等を通して、議論を活性化させます。そうして、多面的・多角的な見方や考え方を姿見とした誠実な内省を経て、「自己の新たな課題」を見つめます。

　そして、③に関しては、自己の新たな課題に対して、「自分の特徴や置かれた環境を踏まえた克服条件の考察」や「よりよい未来や自分らしさを思い描きながらの秘かなる決意」等を通して、具体的な道徳的実践への手がかりや糸口を多様に見いだし、将来を展望します。

　教材『月明かりで見送った夜汽車』（あかつき教育図書）は、「文化祭の準備をする先生方を残し、国体出場のためＩ先生は駅に向かうが、そのＩ先生を乗せた夜汽車が学校のそばを通過する際、学校中のすべての灯りが消されると、歓声と拍手が暗闇に響いた」という話です。この場合、①の発問には「拍手は何に対して行われたか」や「電気を消す行為に何が詰まっているか」等が、②の発問には「あなたは、電気を消す行為と点灯させる行為では、どちらを支持するか。その理由は何か」等が、③の発問には「あなたは、思いやりを発揮するとき、何に気をつけたいか」等が、一例として挙げられます。

■発展的な考え方

　しかし、より柔軟で緻密な授業構想を練るならば、どこから何を問うても、主題のねらいに肉薄することはできます。下の写真は『青の洞門』を実際に中学生に行った板書です。「皆で考えてみたい場面」を生徒にたずねることを出発点に、挙がってきた「了海が決心する場面」と「実之助の胸が熱くなる場面」を活用して、自然な流れで授業展開しています。

板書例　『青の洞門』

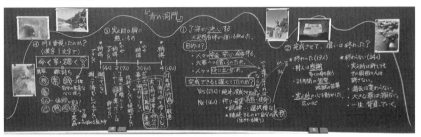

　この場合、主題のねらいに向かう「登山ルート」は、生徒が着目した場面に左右されるため、教材の各場面での多様な考えや気持ちを拾い上げ、その背景にある道徳的価値の断面を多面的・多角的に洗い出す必要があります。さらに、場面ごとに、単発ではなく複数の発問を用意し、生徒がどの場面を挙げても、ねらいへのスプリングボードとして円滑に活用するのです。これは、いわば「順思考」で授業の流れを広げています。

　一方、ねらいに最も肉薄する最後の発問についても、２つ３つ準備します。次に、その最後の発問に対して、授業の成立条件としての反応予想を練っておきます。さらに、その不可欠な反応が返ってくるには、その一つ手前の基本発問で、どのような議論が必要なのかも考えます。これは、いわば「逆思考」で授業準備をしているのです。

　このように、想定される授業の流れを樹形図的に把握すれば、「順思考」における樹形図の枝と、「逆思考」における樹形図の枝とが繋がり、生徒の多様な意見・考えにも柔軟に対応できるでしょう。　　（莉木聡）

5 教材分析と内容項目

■読み物教材の中心場面の見方

　『中学校学習指導要領解説』（以下、解説）「第4章／指導計画の作成と内容の取扱い」の第2節3において、多様な教材の活用や教材の具備する条件など、教材の留意する事項が示されています。ここでは教材を教科用図書にあるような読み物教材にしぼって考えていきたいと思います。

　読み物教材にも物語教材や事実教材、意見教材などがあり、下図のようにそれぞれ中心場面となるところが異なります。教材分析をするときには、それぞれの特性に応じて中心場面を探る必要があります。

読み物教材の種類	中心場面となるところ
物語教材	道徳的な変化の場面、葛藤場面、教材の山場の場面
事実教材	著者の苦労や努力、失敗、発見などが見える場面
意見教材	意見の中心箇所、意見が対立する場面や考え方

■教材分析をシート化する

　教材分析を以下の方法でシート化すると教員間で共有化が図れます。
①教材の種類を決め内容ごとに段落に分け、中心場面を読み取ります。
　○道徳的に変容した登場人物は誰か。
　○登場人物が変容するきっかけになった出来事は何か。
　○登場人物が変容した後どうなったか、またはどうなりそうか。
　中心場面は登場人物が変容した場面に多く現れます。また、教材の中で価値理解、人間理解、他者理解が図れる場面を見つけます。そのことが、授業で生徒の支援・援助や切り返しを考えるときの助けとなります。
②中心場面までに押さえる登場人物の心情や行動などを読み取ります。
　○登場人物の心情や判断が分かる部分に下線を引き、そのときの内面を書き込みます。

・会話文や心内語に着目します。

・接続詞や助詞など（「しかし」や「〜も」など）登場人物の内面に迫ることができる言葉に着目します。

　この理解が中心発問や基本発問、補助発問等につながっていきます。

③教材分析を基に、この教材で学ぶ内容項目を決めます。

　はじめに、解説にある「第3章第2節／内容項目の指導の観点」の説明を参考に考えます。しかし、1つの内容項目であってもさまざまな側面があります。例えば、内容項目D-19「生命の尊さ」の「生命」の解釈では、「偶然性」「連続性」「有限性」「生物的・身体的生命」「社会的・文化的生命」「畏敬されるべき生命」「生命倫理の現代的な課題」等が解説では挙げられていますが、「関係性」「平等性」等も考えられます。また、「生命」は「せいめい」や「いのち」と読まれることもあり、意味も微妙に違います。教師は、ねらう内容項目について深く理解し、授業で深める側面を多面的にとらえるとともに、生徒の考え方に柔軟に対応できるように努めたいものです。

④中心で学ぶ内容項目と関連している内容項目を考えます。

　読み物教材はねらいとする内容項目だけで書かれて

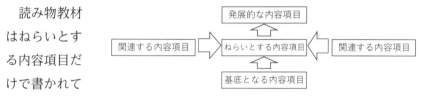

いるものは少ないです。ストーリー性をもっているためにねらいとする内容項目に迫るときに関連する内容項目や考える基底となる内容項目、さらには発展的に考えられる内容項目もあります。その関係性を図に表したものが上図です。この関係性を明らかにし、構造的に教材に含有する価値内容をとらえておくことで、授業での中心発問や基本発問が考えやすくなります。また、生徒の多面的・多角的思考に対応でき、生徒の発言とねらいとする内容項目との関係性が見えやすくなります。

（日下哲也）

6 | ねらいを紐解く

■なぜ「ねらいの明確化」が大切か

　深い学びのある道徳授業を行うには、ねらいの設定が重要です。

　近年、中学校では先生方の創意工夫により、生徒が生き方について真剣に考える授業が増えつつあります。一方で、次のようなタイプの授業も見られます。一つ目はワークシート等に書いて発表、書いて発表をくり返す授業。二つ目は端末等を活用し、生徒の考えを全体で共有することに終始する授業です。どちらも、生徒同士の考えの磨き合いが十分ではありません。発表や共有は議論の入り口です。発表・共有された考えに対して、教師が問い返しなどの重層的な発問を行い、生徒同士で考えを磨き合わなければ、深い学びのある授業は実現しません。

　では、先生方はなぜ発表・共有に終始してしまうのでしょうか。理由の一つに、先生方の中で生徒と何を考えたいのか、生徒が何を学ぶかが曖昧であることが挙げられます。すなわち、授業のねらいが明確に定まっていないという問題です。授業のねらいが曖昧では、授業者にとっては地図やコンパスを持たず登山をしているようなもの。考えを磨き合わせようとするのは不安だと思います。

　しかし、ねらいの明確化（発達段階や教材を考慮したうえで、子どもに考えさせたい学習内容を焦点化すること：浅部、2020、p.27）を行うことで、教師は話し合いの道筋を想定でき、心の余裕が生まれます。その余裕が、生徒の思考の流れを大切にした柔軟な授業を生みます。その結果、生徒同士が考えを磨き合う、深い学びのある授業になっていくのです。

　また、授業改善のための評価をする際、明確なねらいがなければ、その授業の成果を考えることができません。指導と評価の一体化に向けても、ねらいの明確化は欠かせないのです。

■質の高いねらいとは？

では、どんなねらいを設定すればよいでしょうか。以下に示すのは、中学校の定番教材『足袋の季節』における授業のねらいです。3パターンありますが、どのねらいが一番よいと思いますか？

1　人間が心の中にもっている弱さや醜さに向き合い、強く気高く、人間として生きる喜びを見いだそうとする道徳的態度を深める。
2　おばあさんの思いやりに感謝し、自分の弱さを見つめ、たくましく生きる「私」の生き方を考えることを通して、人間の弱さや醜さとそれを克服したいと願う心に気づく。
3　「私」が足袋やおばあさんとの一連の出来事を忘れずにいる理由や意味を考えることを通して、後悔や自責の念をもち続けているということは、自分の中に良心や自分の求める姿があるのではないかということに気づき、苦しくても自分の弱さに向き合おうとする自分自身を認め、前向きによりよく生きようとする道徳的態度を育む。

1は、『足袋の季節』特有のねらいではなく、多くの教材に当てはまる内容で、生徒と何を考えたいのかが見えにくいです。2は、『足袋の季節』特有の内容で、なおかつ具体的です。しかし、「おばあさんの思いやり」「たくましく生きる"私"」が教材中に本当に描かれているかは疑問が残ります。「おばあさんの行動は思いやりではない」と考える生徒にとっては、2では違和感を抱えたまま授業が進んでしまいます。その点、3は具体性もあり、誰が読んでもほぼ違和感のない解釈に基づいています。また3は、1時間での短期的なねらい（「私」が〜気づき、）と、これからの人生で実現を目指す長期的なねらい（苦しくても〜態度を育む。）の二つを有しています。この短期的・長期的なねらいの両面を意識することで、生徒に多様な価値観を引き出すことが可能になることでしょう。

以上のように、質の高いねらいには、①その教材ならではのねらいであること、②誰が読んでも了解しうる教材解釈に基づいていること、③短期的なねらいと長期的なねらいの双方を示すことの3つのポイントを満たすことが望ましいと考えます。

（浅部航太）

31

7 | 発問を選び抜く

■教師のしゃべりすぎへの自覚

　発問を精選することは容易ではありません。授業を参観すると、道徳的な考えの深まりよりも、失礼ながら、教師からの発問、指示、助言等がくり返され話が長く、教師がしゃべりすぎて、途中で時間切れとなり、生徒の考える時間や予定していた活動を保障できない場面に出合います。かつて同じ経験をしていた私自身の姿を重ねながら、もどかしさを抱いて授業討議に参加します。

　そして、授業後の振り返りでは、授業者自身から、「時間内に最後まで展開できなかった原因がいろいろと考えられる。」「中心発問の適切さや生徒の反応の取り上げ方が難しかったので、ねらいに関して十分に深められなかった。」等の反省の弁を聞かされることが少なくありません。その要因である「教師の話が長い、しゃべりすぎ」をどれほどの教師が自覚できているでしょうか。さらに、その背景にはねらいの明確化にも関わる内容項目の分析と発問を選び抜く（発問の精選）といったことが、吟味されたのかと思わざるを得ないことがあります。

　確かに発問を選び抜くことは簡単ではありませんし、たとえ理解できたとしても即座に改善できるとは限りません。では、何に気をつけたり、何を意識したりすることから取り組めばよいのでしょうか。ぜひ、具体的な教材や身近な実践の指導案等を見ながら考えてみてください。

■精選への第一歩

　皆さんは発問を考える際にどのように考えたり、どのような手順で取り組んだりしますか。私は、授業の山場でのクラスの生徒の姿を具体的にイメージしようとすること、反応や発言を生徒の具体的な言葉で予想

しながら考えてみること、そのために教材を読み込むことと内容項目の深い理解の重要性を伝えています。

　横山（2007）は、教材を読み込むために、あらすじや登場人物の心情の変容だけでなく、主人公の道徳的変容、道徳的問題や人間としての弱さや醜さも含めた人間を読むことの肝要さを指摘しています。

　そして、『学習指導要領解説』に書かれている内容項目について理解を深めて教材を読み込めば、この点も大切にしたい、ここも外せないといった思いが湧いてくることもあるでしょう。そのような際には、教材の特性等もありますが、次の3つの視点から発問を見直してみましょう。

①思い浮かんだいくつかの発問の中で、ねらいに深く関わる中心発問として、どうしても外せないものはどれでしょうか。それでも中心発問を決めかねる場合は、それぞれの発問に対する生徒の反応を予想し、ねらいや内容項目から熟考してみましょう。

②基本発問をいくつか考えた際に、中心発問につながる生徒の思考の流れを考えると、どの基本発問が重要でしょうか。中心発問までの基本発問が多すぎると時間もかかりすぎ、中心発問や授業の山場に時間をかけられなくなりがちです。特に、あらすじの確認等の発問がどこまで必要なのか、全体の時間を意識して検討しましょう。

③中心発問後の問い返しや揺さぶり等の補助発問を事前に考えたとしても、できる限り生徒の反応や考えを生かしながら展開しようと心がけているでしょうか。つまり、生徒の反応をしっかりと聴くことで、ある生徒の考えについて他の生徒に聞き返したり確認したりすることを意識すれば、事前に考えていた発問ではなく、生徒の発言をつなげながら展開することもありえるのです。

　よりよい授業づくりを目指して発問を精選するために、まずは生徒の考えをしっかりと聴こうと待つ姿勢、しゃべりすぎないように我慢する姿勢を意識しながら取り組んでみるとよいでしょう。

（植田和也）

第3章

深い学びにつながる授業づくり Q&A

生徒たちの学びを深めるためには、
どんな工夫をしたらよいのでしょうか？
授業づくりのさまざまな悩みについて
道徳の実践経験が豊富な先生がお答えします。

生徒の思考が深まる授業づくりのためには、どうしたらよいのですか？

■追体験を通して、自分事として考える

　道徳の授業では、教材の内容を自分との関わりの中でイメージし道徳的な問題を「自分事として考える」ことが重要です。主人公が何かのきっかけで自分の道徳的な課題に気づき、よりよい方向に変化する教材は、生徒が自分の経験に照らして自分事としてとらえやすいといえます。しかし、生徒にとってあまり身近な話題ではなく、自分事としてとらえにくい教材はどのような工夫が必要でしょうか。

　例えば、『相馬野馬追の季節』（あかつき教育図書）は、「郷土の伝統と文化」が主題です。東日本大震災と原子力発電所の事故により甚大な被害を受けた地域で、被災者の思いに配慮しながら、諸課題を乗り越えて相馬野馬追の祭りを開催する話です。生徒にとって、「伝統と文化」は身近にとらえにくい主題です。さらに、本教材は多くの生徒にとって自身の地元ではないうえに、見たことのない祭りに関わる内容なので、地元の人々の心情や考えをいかに自分との関わりの中で具体的にイメージさせるかがポイントとなります。また、賛否の分かれる議論は「論争」「対立」のイメージがありますが、本教材では接点を模索する話し合いが行われています。生徒にその議論の過程を追体験させ、主題について考えを深めさせることが重要です。そうすることで、自分事として教材中の台詞や行動の奥にあるものの見方・考え方、価値観を理解し、「伝統や文化の継承」の意味や意義をとらえられるのだと考えます。

■自分との関わりの中でイメージするためのポイント

　生徒たちがすでにもっている知識や情報、経験から、教材の内容をイメージできる箇所を見つけることが大切です。つまり、時間や空間が離

れていても人間としての共通の感じ方や気持ちが描かれている場面は共感的に理解することができるはずです。教材の中から生徒と教材の接点となる箇所を見つけて、自分との関わりの中でイメージさせていくことができるでしょう。

　『相馬野馬追の季節』では、被害状況や被災した人々の気持ちなどを考えて、開催に反対する意見が多く寄せられたと書かれています。生徒たちは、東日本大震災の被害についてテレビや映画である程度の知識をもっています。また、コロナ渦で活動を自粛したり縮小したりしなくてはならない状況も経験しています。「こんな時期に」「祭りなんて」「派手なことは自粛するべき」「苦しんでいる人の気持ちを考えるべき」といった文中の住民感情は共感的に理解することができる箇所です。このような箇所を切り口として、自分との関わりの中でとらえる発問を設定することができます。

■登場人物の考えの筋道を追体験する

　教材中の登場人物を自分との関わりの中でイメージできたら、次に登場人物の考えの筋道を追体験することが大切です。なぜなら、考えの筋道は登場人物のものの見方・考え方、価値観に支えられて展開していくからです。つまり、教材の主題である道徳的な価値についての考えを深めるために大切な過程といえるでしょう。

　『相馬野馬追の季節』では、一部には祭りの開催に賛成の意見もある一方で、開催に否定的な意見が多く寄せられました。たび重なる議論を経て開催するという結論に至るまでに、具体的にどんな意見が出たと思うかを生徒たちに問うと、多くの視点からさまざまな意見が出てきます。最初は、具体的な例を挙げながら開催に否定的な意見が多く出てきます。しかし、開催の障壁となった課題をどう乗り越えたのかを問いかけると、実際になされたであろう議論の中身が次々と出てきます。その中には「野馬追を行うことの意味」を深く掘り下げた意見や「被災した人や地域の

住民のためにも開催を決めた」など、最初に出た開催に否定的な考えを、別の視点から見直して肯定的にとらえるような意見も出てきます。このように議論を追体験することによって、「開催派」「中止派」の両方の考えを共感的に受け止め、互いの接点を模索する話し合いであったことを理解した様子でした。登場人物の思考の流れをたどることは、表出している言葉や行動の根底にあるものの見方・考え方や価値観を、自分事として理解する大きなステップだといえるでしょう。

　また、議論を追体験することで、対立的なイメージではなく、互いの思いを大切にしながら一致点を見いだすような「議論」に触れることができます。そこには、互いを理解しようとする「対話」の要素が含まれています。生徒たちがこうした対話の力を身につけ、社会で生かせることを願っての発問でもあります。

■登場人物の生き方を支える判断基準を考える

　道徳の授業で「人間としての生き方についての考えを深める」ために登場人物が何を大切にして自分の行動を決めたかを考えることは、大変重要なポイントです。

　『相馬野馬追の季節』の場合、「開催と中止の間で悩んだ人々が大切にした判断基準」を問うことで、「郷土の伝統と文化」を守る意味を深く理解することができます。伝統や文化が地域や住民と密接に関わり、人々を守っていることに気づくことができるでしょう。

『相馬野馬追の季節』実践例

主題名：郷土の伝統と文化（内容項目 C-16「郷土の伝統と文化の尊重、郷土を愛する態度」、関連項目 B-9「相互理解、寛容」）

ねらい：東日本大震災で壊滅的な状況の中、郷土の祭りを守ろうとする人々の葛藤と生き方を通して、郷土の伝統と文化を大切にし、発展に努めようとする道徳的判断力を養う。

発問構成（○基本発問　　◎中心発問）

○相馬野馬追の祭りの開催、中止の議論はどんな内容だったか。

◎どのような考えで祭りを開催することにしたのだろう。

○開催を決定づけるに至った判断基準は何だろう。

板書例『相馬野馬追の季節』

『相馬野馬追の季節』授業記録（Q：発問　T：授業者　S：生徒）（抜粋）

Q：T：相馬野馬追の開催か中止かの議論はどんな内容だったと思いますか。

S：野馬追は絶やすべきじゃない。

T：絶やすべきじゃない……。（うなずく）そうだね。でも、なんで？

S：相双地方には、野馬追が必要だという人がたくさんいる。生き甲斐。

S：でも、苦しんでいる人がいるから派手な祭りはよくない。不謹慎。

S：被災して大変な状況だし、余震も心配なのに、祭りなんてって。

S：亡くなった人がいて悲しんでいる人を元気づけようと思っている。

S：ずっと続いてきた伝統でもあるし、祭りで元気づけたい。

S：バッシングがくるのではないかと不安だと思う。だから中止すべき。

S：今やるべきか？　金銭的な生活支援が先。復興が優先だと思う。

S：祭りの準備にも人や馬、お金が必要。不足して準備するのも厳しい。

T：なるほど……。どれも納得だね。中止派の意見の方が多いかな。

S：いや、大変な状況だからこそ、やった方がいいと思ったと思う。

S：でも、そんな状況で盛り上がらないと思う。

　　（震災後の規模を縮小した祭りの動画を見せる。）

Q：T：議論の末、祭りは開催されたね。どんな考えで開催することにした？

S：伝統的な行事だし、生き甲斐にしている人のために。

S：震災を経験したからこそ、町を元気づけたい。

T：うん。でも祭りを開催したら元気づけられる？　もう少し説明して。

S：以前の盛り上がりを思い出して、元に戻れるよう頑張ろうと思える。

S：中止派の苦しむ人こそ元気づけたい。祭りには一体感があるから。

S：行方不明者や亡くなった人も元気づけたいから。

T：？？　亡くなった人を元気づけるって？

S：追悼の感じ。動画も静かで、黙祷していた。

Q：T：では、開催を決定づけるに至った判断基準は何だろう？

S：人々を元気づけられるかどうか。祭りの意味は、どんな状況でも元気づけることだから。

S：祭りが生き甲斐で、待っている人がいる。生き甲斐を奪ってはだめ。

S：昔も災害はあったはず。祭りを続けてきた人の思いをつなぐこと。

S：祭りが周りの人に与える影響力。

T：えっ。周りの人々への影響？　それってどういうこと？

S：今年やるのと、例年やっているのとでは違うものがあると思う。

T：おー、確かに。でも、どう違うの？

S：被災した今年でもやるってことは、災害に負けない強さがあるってことを周りの人々に知らせられる。

T：おー！　すごい。大変な被害に遭っても、自分たちは負けてないって。

S：縮小であろうとなんであろうと、開催した事実が残せる。

T：どうして、その事実を残すことが大事なの？

S：被害や放射能で町を離れなくてはならなかった人へのメッセージになる。こっちは大丈夫、離れていても一緒に頑張ろうって。

T：うわー、そういう意味もあるのかー。すごい!!

S：故郷を離れていった人々が、遠い所からでも「故郷はまだそこにちゃんとある」っていうことが分かる。戻っていく故郷がある。

T：故郷がちゃんと残っているかぁー。確かにそれって大切な思いだね。（他クラスでは、「祭りの終わりは、町の終わりを連想させる

のだと思う。」という意見もありました。こうした意見も含めて、
　生徒たちが郷土と祭りという伝統と文化のつながりが深いことを
　感じたようです。)

生徒感想（一部抜粋：…印は省略部分）

＊開催する思いや姿は常に同じではない。祭りは時間がたてば終わって
　いくが、それを見た人々の心の中に一生形として残っていく…しんど
　い時期にも開催したからこそ祭りに新しい形ができ、続いていくのだ
　…人の思いが受け継がれていくことが伝統ではなく、新しくどんどん
　思いが変わって、見た人に感動を与えるのが祭り本来の姿と伝統だ。…

＊伝統を守るというのは、これまでの人の努力を守っていくことで、被
　害に遭った人たちを考えるというのは、これからの人を支えるという
　こと。…人のために行動するというのは、亡くなった人のために中止
　することもあれば、落ち込んでいる人を助けるために開催するなどい
　ろいろな考えがあると思った。どちらかを選択することも大切だが、
　二つの一部を取って組み合わせることも大切だと思った。

＊…賛否両論あって、どっちかに決めるとどっちかから否定される不安
　に打ち勝って開催された。それは、その祭りにすごく長い歴史があっ
　たから人々の心を動かしたんだと思った。…これからの未来で「過去
　に被災地だったとしても開催した」という新たな歴史が生まれ、その
　開催が強さとなって、これからもこのようなことがあっても開催でき
　るようにしようと思ったから開催したんだと思った。

＊今まで長くつないできた伝統を絶やしたくないのと、災害前の盛り上
　がりをまた思い出せるよう開催を決めたのだと思います。伝統は自分
　が考えている以上に大切だと思いました。…

　どんな教材も自分事としてとらえることで、生き方についての考えを
深め、さまざまなものの見方・考え方や価値観を吸収できると思ってい
ます。
　　　　　　　　　　　　　　　　　　　　　　　　（村田寿美子）

生徒の輝きを生かしてねらいに肉薄する授業づくりとして何を大切にしますか？

■ねらいへ肉薄する手がかり

　生徒の心の実態と道徳的な疑問やつまずきを踏まえて、一方的な授業展開にならないよう留意し、主体性や興味関心を高め、価値観・人生観・世界観に根差した個性的な輝きを見つけ、授業に生かします。

　例えば、教材『仏の銀蔵』は、「高利貸しの銀蔵がカラスに証文を奪われ、取り立てができずに苦境に陥るが、お天道様が見ていると考えた人々が自発的にお金を返し始める」という話です。主題は「社会規範を守る」ですが、1割程度の生徒は教材が銀蔵を悪者として描いていることに違和感をもちます。この状況のまま、「お天道様かと膝を打つ銀蔵が分かったこと」を考えさせると、他者の生活苦をおもんぱからず、自己の利益だけを追求したことへの愚かさや軽薄さに意見が傾き、主題のねらいに対する中学生らしい肉薄の仕方が不十分となります。

　この場合の生徒の個性的な輝きは、遵法精神や規範意識の意義や意味に対する多面的・多角的な思索の中に見いだす必要があります。そのためには、「銀蔵は悪い人間か」「渋っていた人々が突然返済し始めたことをどう評価するか」等の発問も検討対象に加えながら、生徒の素朴な疑問や道徳的なつまずきを出発点とした多様な授業構想を描きたいものです。

■基本発問の必要性・順序性・多様性の吟味

　基本発問は、効果を生徒の反応予想に基づき吟味し、真に必要なものを精選します。一つ目の発問に続いて二つ目の発問を提示した際の反応が、二つ目の発問を単独で考える場合と同質ならば、発問間の連繋は不十分で、一つ目の発問の「必要性」を再考する余地が生まれます。

　教材『月明かりで見送った夜汽車』は、「先生方が文化祭の準備をす

る中、国体へ行くために中座するＩ先生のために、Ｙ先生がＩ先生の乗った汽車が学校の近くを通りかかった時間だけ灯りを消すと、その暗闇の中で拍手が湧き起こる」という話です。主題は「思いやりの心」ですが、例えば（ⅰ）「Ｙ先生はどんな思いでＩ先生を見送ったのか」に続いて（ⅱ）「暗闇の中の拍手は何に対する拍手か」を問うても、単独で（ⅱ）を考えても、主として「Ｙ先生の深くて温かな心遣い」「Ｉ先生の健闘を陰ながら祈る想い」「静かで豊かな時間と空間を共有した感動」という反応が返ってきます。しかも、生徒がねらいの核心である「さりげない」思いやりへ着眼できるかどうかは、指導者にとって受動的です。そこで、一案として、発問（ⅰ）を省いて（ⅱ）から始めると、その後に「"学校中の灯りを消す"場合と"学校中の灯りを点灯させる"場合とを比べてみて、あなたは何を感じるか」を問う時間ができるでしょう。このように、発問の「必要性」を吟味し取捨選択することで、「さりげない思いやり」に積極的に肉薄する展開へと洗練させられるのです。

　次に、基本発問の「順序性」ですが、生徒の輝く個性をより柔軟に生かす授業とするには、発問の順序に関する吟味を経て、各発問が内包する意義や役割を多彩にとらえておくことが重要ということです。

　教材『ネット将棋』は、「実際の対局では負けそうになると時間稼ぎをし、ネット将棋ではログアウトをくり返す"僕"は、終局で"負けました"と言うことの意味を語る敏和に深く考える」という話です。

　第２章の４（p.26）で示したように「①道徳的価値の認識」、「②自己の省察」、「③人間としての自己の生き方に対する展望」の順で発問することもできます。例えば、①に関わる「ア：敏和との対局で時間稼ぎしたことと、ネット将棋でいきなりログアウトしたこととの共通点は何か」「イ：敏和のツッコミに笑えなかった僕は何を考えたか」「ウ：負けましたと明確に言うよさは何か」等に続けて、②に関わる「エ：この後の"僕"が取り得る選択肢を挙げ、それは何を大事にした行為かを考えよう」等を設け、最後は③に関わる「オ：心の声に従うことで得られる

ものは何か」「カ：心の声に従うために、あなたが大切にしたいことは何か」等を問う流れです。この順は、効果的な発問構成の基本形です。

　しかし、実践経験を重ねると、基本形には現れない③⇒②、①⇒③、②⇒①等の流れも多用されます。一例を挙げると、発問オは、授業展開のどこへ位置づけるかで、その意義や意味が変化します。授業後半に発問エ⇒オを位置づければ、教材場面を基に考えた後、自分の具体的な経験に級友の価値観・世界観も加味し、自分らしい人生の歩み方を展望して授業を結べます。一方、授業前半で発問オ⇒エの流れをつくれば、私たち人間一般にいえることを簡単に整理し、次の発問エで自我関与して議論する際の明瞭な視点・糸口として活用することもできるのです。

　最後に、主題のねらいに対するルートの「多様性」ですが、発問の連繋の仕方を複線的にとらえることで、臨機応変な追究発問、鍵となる語句の板書、適切な評価語を発するなどの効果が期待できます。

　教材『木箱の中の鉛筆たち』は、「才能がないと絶望していたカンナは、作曲家の父から努力の跡としての短い鉛筆を見せられ、才能は作りなさいとも言われて、再び前進し始める。」という話で、「向上心、個性の伸長」を扱っています。校内研修で考えたところ、上述の①②③に関わる発問が数多く示されました。表1はその一部ですが、この中のどの発問をどの順序で連繋させるのかは、まさに十人十色です。

　構想案としては、（ⅰ）F⇒B⇒E⇒H⇒Jや（ⅱ）A⇒C⇒D⇒G⇒I等の個性的で実現性の高いものが多様に発表されました。そして、（ⅰ）の場合でも、発問Bに対して「恥ずかしい」といった反応があれば発問Cで追究したり、「努力」という発言へは発問Dを念頭に問い返したりするとの補足発言がありました。また、（ⅱ）の場合も、発問Gで議論が深化しなければ発問Hを補助的に挿入し、もしそのことで個性を伸ばす難しさへの克服条件も明らかにされたならば、発問Iに替えて発問Jを投げかける、といった柔軟な対応を採るというのです。発問の選択・連繋の仕方に「多様性」を担保することで、ねらいへのルートを

表1　『木箱の中の鉛筆たち』の発問例

①	A：父がすらすらと作曲する姿に、カンナさんは何を感じたか。 B：私は、何百本のちびた鉛筆を見つめて、何を思ったか。 C：私は、自分のどのような点を恥ずかしく思ったか。 D：「こうやって才能を作りなさい」とあるが、どうやって作ればよいのだろうか。 E：なぜ、木箱の中の鉛筆や父の言葉は、勇気を与えるのか。 F：人の「特徴」と「個性」とは、何が違うと思うか。
②	G：才能を作るための努力をし続ける難しさは、どのような点にあると思うか。 H：何百本のちびた鉛筆を前に、勇気づけられる人と無理だと思う人がいるが、両者の違いはどこにあると考えるか。
③	I：個性を伸ばす難しさを克服する上で、あなたが大切にしておきたいことは何か。 J：個性を伸ばしていくことで、日常生活はどう変化するか。

固定された直線的なものとは見ず、「網の目」構造のようにとらえ直して、生徒の思考の流れに寄り添った自然な授業展開を目指すのです。

■基本発問の「照準性」

　生徒の見方や考え方は、基本発問の照準が主題のねらいに絞り込まれるほど、狭く深くなる傾向にあります。授業では、基本発問の「照準性」を調整したり追究発問で補完したりして、生徒発言の広さと深さのバランスに留意しますが、ここでは『足袋の季節』を例に挙げ、「照準性」の高い発問で、どのような変化が生じるのかを整理してみます。

　この教材の授業構想の勘所は、赤貧で釣銭をごまかしてしまう筆者の弱さを我が事としてとらえ、その弱さと対峙して乗り越えようとした人間としての輝きを掘り下げる点にあります。そこで、ねらいを「悔恨の念を募らす筆者の涙とその後の生き方を通して、人間の弱さから誠実に出発するすばらしさに気づき、自己の姿を真正面から受け止め乗り越えようとする道徳的心情を育む」としました。

　発問構成として、表2と表3（次ページ）の2種を考えます。表2の発問も実践で十分に機能する流れであり、基本的・標準的な発問の典型例です。しかし、表3は考えるポイントがより明瞭な「照準性」の高い発問群で構成されています。すなわち、どの発問も「□□ではなく、〇〇なの

はなぜか」「□□と○○の違いは何か」といった両者を明瞭に比較する形で設けられ、発問の意図と思索すべき焦点が浮き彫りになっています。

　表２と表３で授業実践し、それぞれ図１と図２の板書写真を得ましたが、両者では生徒発言に質的な違いがあります。図２の方が全体として、主人公の人間的なすばらしさがより深くにじみ出ています。例えば、「差し上げる」に対して、図１には「責任感・使命感」「感謝・尊敬」という、やや抽象度の高い意見が認められます。一方、図２は「かけがえのない」「自分の身を低く」「優しく手渡す」「おばあさんから預かった」といった我が事に引き寄せた発言ばかりで占められています。

　また、主人公のとらえ方も、図１の「胸の中で生きているおばあさんを感じる」「その後の生き方が変わる思い出とした」「力強く前向きに生きる」という発言に対して、図２では「反省を持続させる」「感謝を行

表２　『足袋の季節』における基本的な発問構成

> a：「思わず『うん。』とうなずいてしまった」とあるが、このときに筆者を「うん。」と言わせたものは何だったか。
> b：「はじめての月給」「汽車に飛び乗る」「果物かごを手に」には、筆者のどのような思いが込められているか。
> c：橋のたもとで落とした涙には、何が詰まっていただろうか。
> d：「誰かに差し上げなければならない」と思ったのは、筆者がどのような考えに到達したからだろうか。
> e：足袋の季節になると、あのおばあさんが、筆者の心の中に「生き生き」と映し出されてくるのはなぜか。
> f：あなたの今後の人生において、筆者の生き方に学びたい点は何か。

表３　『足袋の季節』における照準性の高い発問構成

> g：「おばあさんが死んでいた状況を残念に思った」ではなく、「無性に自分に腹が立ってしようがなかった」のはどうしてか。
> h：「果物かごを川に落とした」ではなく、「果物かごを川に落としてやった」とある。そこには、筆者のどのような思いが籠もっているか。
> i：「あのときの目」「ふんばりなさいよの言葉」があったとしても、一方では、それほど気にせず生きていく人もいよう。他方、筆者はそれを生涯の支えとしてきた。この両者の違いは、どこから生じているのだろうか。
> j：筆者は「誰かにあげなければ…。」ではなく、「誰かに差し上げなければならない。」と言っている。それは、どのような考え・思いをもったからか。
> k：思わず四十銭をかすめとりはしたが、それでもなお、筆者が人間として光っている点は何だろうか。

動にする」「失敗や後悔を生かす」「人の支えになろうとする」「胸を張
って生きる誠実さ」等のよく練られた多数の意見であふれています。

図1　基本的な発問構成に基づく板書

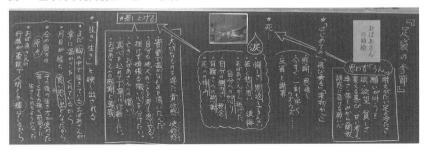

図2　照準性の高い発問構成に基づく板書

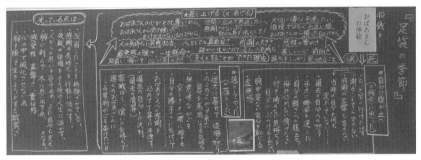

■「ねらいは願いである」

　結びに、授業づくりの根本に触れておきます。授業のねらいには、生
徒一人一人の、学級や学年や学校の、保護者や地域の願いが反映されて
いますが、何より、生徒の実態を最も深く正確に理解する担任教員が、
どのような切実な願いを詰め込んでいるかが重要です。授業者自らが、
個性あふれる生徒の具体的な喜びや悲しみと対峙することで、授業者の
願いも具体性を帯び、焦点化され、一人の人間として心と心を真剣にぶ
つけ合い、通わせ合う授業が実現するのです。目を澄まし、耳を澄まし、
心を澄まして、生徒の輝きをとらえ生かすことは、すなわち、ねらいに
肉薄する授業を創造することそのものなのです。　　　　　（荊木 聡）

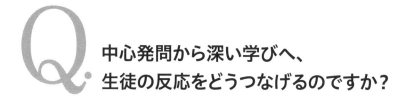

中心発問から深い学びへ、生徒の反応をどうつなげるのですか？

■主題である道徳的価値を深く理解し、人間としての生き方へ…

　学習指導案のねらいには、教材の内容を主題である道徳的価値にどのようにつなげていくかが端的に記されています。ですから中心発問は、授業のねらいに迫るために、道徳的価値について実感を伴って深く理解できるように工夫することが大切です。十分に練られた中心発問では、生徒から多くの意見が出てきます。それは、広い視野で考えを深めた結果といえるでしょう。しかし、多くの視点からたくさん意見が出れば出るほど、授業を振り返り「これで本当によかったのか。今日の授業の焦点はどこだったのか」と不安に思ったことはないでしょうか。

　道徳的価値を多角的な視点から理解させることができたら、その理解を基に、生き方について考えを深めさせることが重要です。つまり、ねらいとする道徳的価値に関わって、主人公はどのような考えを大切にして行動したのかを考えさせるのです。そこには、広い視野で物事を見極めた、主人公の総合的判断の過程が見えてきます。それが、信念に支えられた主人公の生き方といえます。困難を乗り越え生き抜いた主人公の生き様は、自然と生徒に自己の生き方を振り返らせるでしょう。

　例えば『虹の国－ネルソン・マンデラー』〈以下、『虹の国』〉（あかつき教育図書）は「差別や偏見のない社会の実現」が主題です。差別や偏見がいけないということは誰もが知っています。しかし表面的に知っているだけでは理解したことにはなりません。差別の残虐性とともに、その克服がいかに難しいかを実感を伴って理解させることが重要です。そして、そのうえで差別のない社会の実現のために行動したマンデラの生き方について考えを深めさらに自分に引き寄せて考えさせたいものです。

■主題となる道徳的価値を、実感を伴って深く理解する

　主人公の道徳的課題が自分の経験に照らしやすい教材は、実感を伴って理解しやすいといえます。しかし、先人の伝記を扱う教材は経験に照らしにくいという側面をもっています。主人公は、偉業を成し遂げるまでには多くの困難を経験し、私たちが思いも及ばないような考えや方法で乗り越えていきます。それが、偉業を成し遂げた先人の語り継がれるゆえんでしょう。しかし、そうとはいえ、人間本来の感じ方は私たちと同じはずです。共感できる場面を切り口に、生徒に教材を自分事としてとらえさせます。そのうえで前途に立ちはだかる困難をイメージさせ、その道徳的価値の実現の難しさを実感を伴って理解させることが大切です。

　例えば『虹の国』では、生徒は、差別に対する怒りや悲しみから抵抗運動をするマンデラの心情に共感できます。そして、抵抗運動のゆえに投獄されたマンデラが、白人看守との会話を通して、人種隔離政策の問題点や背景にある心の壁について理解する場面から、差別を克服する困難さを、実感を伴って深く考えることができるでしょう。

■中心発問で、理解することは何か

　道徳的価値の実現は、決して容易なものではありません。主人公が多くの困難を乗り越えるに至ったものの見方・考え方や価値観について考えられるような中心発問をつくることが必要です。なぜなら主人公の生き方を支える信念がどのようなものだったのかが理解できるからです。

　『虹の国』では、大統領となったマンデラが、アパルトヘイト撤廃後のワールドカップで白人文化の象徴であるラグビーを積極的に応援します。この場面は、生徒にとって理解し難いものです。なぜなら、自分を支持してくれる黒人仲間からの批判は必至であり、仲間を失うことは誰にとっても恐怖であるはずだからです。悪法だけでなく、心の壁をも取り除きたいと考えたうえでのマンデラの決断であることは、生徒も教材

の文脈から想像できます。しかし、なぜあえて白人のスポーツを応援するのか。そこにマンデラが考え抜いた末の総合的な判断の道筋があります。その道筋をたどった先には、「差別や偏見のない社会の実現」を目指すマンデラの生き方が浮き彫りとなってきます。南アフリカの過酷な差別の現状、差別を生み出す人間の心の問題など、さまざまな困難な課題を、マンデラはどのように克服しようとしたのか。マンデラが生きていく中で体得したものの見方・考え方、価値観が見えてきます。マンデラが考えたであろうその過程を、生徒の発言から具体的に引き出すよう問い返しを行います。仲間が離れていくかもしれないという恐怖に打ち克ち、マンデラを決断させたもの。その強い信念に支えられた主人公の生き方は、おのずと生徒に自分の生き方を振り返らせるでしょう。

『虹の国ーネルソン・マンデラー』実践例

主題名：差別や偏見のない社会の実現（内容項目：C-11「公正、公平、社会正義」、関連項目：B-9「相互理解、寛容」）

ねらい：ネルソン・マンデラが目指した社会のあり方について考えることを通して、対話による相互理解の大切さに気づき、正義と公正を重んじ差別や偏見のない社会の実現に努める道徳的判断力を養う。

発問構成（○基本発問　◎中心発問）

＊まず、教材の内容確認として、マンデラがどんな思いから抵抗運動に明け暮れたか質問しておきます。この質問は、人間共通の感情を問うているため、共感しやすく教材を自分事としてとらえるのに有効です。

○白人看守たちと話す中で、「アパルトヘイトは、絶対に、なんとしてもなくさなければならない。」と決意したのはなぜだろう。

○「まだだ、まだ戦いは終わっていない。」とはどういうことか？

◎白人文化の象徴であるのに、なぜあえて積極的にラグビーを応援したのだろう。

○マンデラが人生をかけて求めたものは何だろう。

『虹の国－ネルソン・マンデラ－』の授業記録（中心発問以降/抜粋）

（Q：発問　T：授業者　S：生徒　…：省略部分）（抜粋）

＊第1基本発問で、生徒はアパルトヘイトにより黒人と白人の両者が接する機会をもてないため、互いに理解し合うことができないことに気づいていきます。また、白人たちは黒人との立場が逆転することを恐れていたことにも言及して意見を出していました。

Q：T：マンデラは、ワールドカップで白人文化の象徴であるラグビーを積極的に応援した。黒人から批判受けるよね。実際、批判が出た。なのになぜ、積極的に応援したの？

S9：黒人は白人文化を嫌ってきたけど、ワールドカップによって、白人文化にもよいものがあるということを黒人に知ってもらいたかった。

S10：アパルトヘイトがなくなっても、黒人と白人とには差があって、まだ終わっていないって感じていた。だから、（…）黒人が白人文化のスポーツを応援することが、両者が近づく第一歩になると考えたと思う。外から応援してって言うだけでは無理。リーダーとして自分が1番先頭に立って応援した。

T：外から指示しているだけでは、みんな動かないっていうことだね。リーダーがみんなを引っ張ろうってこと？（Sうなずく）

S11：アパルトヘイトが終わっても差別は残っている。差別をなくすためにスポーツを選んで批判されることは承知のうえで、自分から応援した。自分が黒人側だからこそ批判されても応援することで広がる。

T：批判覚悟で応援。広がるはずと思っていたってこと？（Sうなずく）

S12：白人のスポーツを応援することで、黒人の人たちの白人への憎しみを和らげた。

T：うん、でもなぜ白人のスポーツを応援することが憎しみを和らげるの？（S言葉に詰まる）ごめん、難しいね。何か思いついたら言ってね。

S13：黒人と白人が共に生きていくためには、お互いの文化を大切にしていくことが大切だと思ったから。

S14：黒人が黒人文化のものを応援するんじゃなく、黒人が白人文化の
　　　ものを応援することで、自分たちは敵ではないと印象づけること
　　　ができると思ったのだと思う。

S15：マンデラさんは、自分が応援することで黒人が白人を応援して、
　　　白人は応援を受けて黒人を受け入れる。黒人は、白人が南アフリ
　　　カのために頑張っているのを見て、受け入れる。

S16：今の状態を変えなければならないと思っているけど、変えようと
　　　白人に言っても、まだ自分には白人を変えるだけの力がないって
　　　考えたんじゃないかなー。黒人は仲間だから、自分が率先して応
　　　援したら変えられる。まず、黒人の意識を変えることで、白人を
　　　変えていこうとしたと思う。〈…後略〉

生徒感想（一部抜粋、…：省略部分）

＊マンデラさんは、アパルトヘイトという差別の元となるものをなくす
　だけでなく、白人黒人関係なくお互いを認め合い、同じ人間の仲間と
　して共存し合うことを目指したのではないかと思った。お互いを認め
　合うには、その人のことを知ることが必要で…その壁となっていたア
　パルトヘイトをなくしたいと考えた。…白人は、長い間差別されてき
　た黒人の不満をぶつけられるのが怖くて、アパルトヘイトなどで反乱
　を抑えてきたと思った。…マンデラさんのように強い意志を見習いたい。

＊…黒人を差別する白人が悪いと考えているのではなく、互いの関わり
　がないことに不満をもっていて、どんな人たちも傷つけないような活
　動を大切にしていたのかなと思った。〈…後略〉

＊…「黒人だから…」「白人だから…」という言葉には両者の差別意識
　があるから、そのコンプレックスをなくしたいと考えたのだと思う。
　マンデラは…人を否定せず、知りたい、知らなければの一心だったの
　だと思う。その考えが「知りたがっている者は、きっと分かってくれ
　る」という言葉を信じた理由…。どの人種も自分の人種を考える必要
　のない世界になるために生涯をかけていた…。…マンデラのような知

りながら生きていく人生は、すごいと思ったので見直していこうと思う。

＊マンデラは、…理解しようとしてくれている人がいると分かってから
は、黒人の味方でもあり、白人に敵対心を向けるのではなく、あくま
でも同じ人間で仲間だという気持ちでいろいろなことに努めてきた。
これは日常でも同じで、もめたりしたときは、自分の意見を主張する
だけじゃなくて、相手の気持ちや言い分が理解できて受け入れられな
いと、分かり合うことは不可能なんだと思った。

（他クラスの感想）

＊…今回の話は黒人差別の話だったけど、日本でも障がいをもった人や
LGBTの人たちを差別したりする風潮があると思った。これをなくす
ためには、マンデラさんのように、お互いを知ることの大切さなどを
理解していく必要があると思った。

＊…いろいろな歴史がある中で、今でも残る差別は本当にひどいなと身
にしみて感じた。マンデラさんは国の差別をなくすことだけではなく、
世界から差別をなくし、互いを理解し、発展していくことを求めたん
じゃないかなと思った。…今問題になっている白人警察の事件は、再
び同じ事をくり返す元になっていて、多くの黒人の人が抗議していて、
それを私たちも知れているのは、大切なことだなと思った。

＊…もし、黒人が白人のことを嫌うようなことをしたら、白人と同じよう
なことをしているのと変わらない。相手を見下したり、見た目で何かを
決めるのも差別だと思った。このことは、黒人差別だけでなく、学校
などいろいろな場面で起きていることだと思った。私は、差別せず生
きていくために、自分のダメな所、よい所すべてを受け入れて、相手
の個性を受け入れて、心を広くして生きていきたいなと思った。〈…後略〉

　生徒は「差別や偏見のない社会の実現」には、「相互理解」「寛容」な
ど複数の道徳的価値の総合的判断が必要だと感じたようです。

（村田寿美子）

問い返しをする際に瞬時に何を考えていますか？

■発問の工夫と問い返しの準備

　指導者が生徒と考えたい発問、いわゆる中心発問ですが、それは入り口の発問です。入り口から入り、生徒に多様な考えを出させ、それに問い返していくことで授業は進んでいきます。入り口以降は、発問の短冊を準備するなど強引に授業を進めるのではなく、あくまでも生徒の反応から展開していくことが重要です。そうすることで生徒を誘導したり、価値の押しつけになったりしない授業展開ができると思います。

　教師が問い返しをすることで、生徒は自身で考えを深めていきます。だからこそ適切な問い返しが必要とされています。教師は瞬時に問い返すために準備をする必要があるのです。まず生徒の多様な考えの中からもう少し聞いてみたいことを、あるいはさまざまな考えをまとめて問い返します。問い返しは、生徒が発言したらその都度行うのではなく、ある程度生徒の考えが出そろってから、その発言をした生徒だけではなく、まとめてクラス全体に行います。生徒の考えの内にある根底の思いを、生徒自身に考えさせることが大切です。

■問い返したい、聞いてみたい考え

　瞬時に生徒のどの発言を問い返すのか。何を問い返せばねらいとする価値を深められるのか。そこでポイントになることがあります。まず多様な意見が出そうな中心発問を考え、生徒の反応を数多く予想します。最低でも10個以上。そのうえで、問い返しも考えておきます。「それは○○です。」⇒「○○とはどういうこと？」「何でそう思ったの？」などと。しかし、ただ生徒の考えに一つ一つ問い返せばいいというわけではなく、聞いてみたい考えについて問い返したいものです。聞いてみたい

考えとは、生徒の発言の中からねらいとする内容項目に関係する考えです。そこでは、ねらいとする内容項目だけではなくそれに関連する内容項目やベースとなる内容項目を押さえておく必要があります。ただし、関係するかどうか教師側が分からない場合は、「なんでそう思ったの？」と、発言した考えの裏にある思いを確認する必要があります。もちろん、生徒自身も自分の考えがはっきりと整理できないまま、つかめないまま発言することがあります。そのときは、「それはどういうことかな？」「なんでそう思ったの？」と聞くこともありますが、その生徒自身がつかめていない場合は、全体に「誰か今の発言を説明できる人はいない？」「何を言おうとしたか分かる人いない？」と尋ねると案外説明してくれる生徒が挙手をしてくれます。グループ活動を利用することで、つかめていないまま発言した生徒と同じグループの生徒がフォローしてくれることも多いです。このように生徒に考えさせることで生徒は道徳的価値や人間としての生き方をより深く考えていきます。

■問い返しに必要な、内容項目の関係性および理解

　内容項目の各視点（A〜D）で隣り合う項目は関連している場合が多いです。例えばAの視点のA-3「向上心、個性の伸長」とA-4「希望と勇気、克己と強い意志」、BではB-8「友情、信頼」とB-9「相互理解、寛容」などです。また私は、それぞれの視点のベースとなる内容項目があると考えています。AではA-1「自主、自律、自由と責任（誠実に実行し責任をもつ）」、BではB-6「思いやり、感謝」、CではC-15「よりよい学校生活、集団生活の充実（自分の役割と責任）」、DではD-21「感動、畏敬の念」です。さらにA-1「自主、自律、自由と責任（誠実に実行し責任をもつ）」とD-22「よりよく生きる喜び」はすべてに関わっていると考えています。以上を踏まえながら、生徒の発言がねらいとする内容項目（道徳的価値）に関連する場合はしっかりと問い返すようにしています。

次に問い返しの意図を考えておきます。「生徒の心を揺さぶる問い返し」（後述『木箱の中の鉛筆たち』）、「生徒の考え（道徳的価値）を深める問い返し」（後述『樹齢七千年の杉』）、「クラス全体の考えを収束させる問い返し（人間の魅力とは）」などです。二つの実践例を通して紹介します。

■心を揺さぶる問い返し―『木箱の中の鉛筆たち』の実践

有名な作曲家の父を前に自分には才能がないと絶望する娘が再び夢を追う教材です。ねらいはA-3「向上心、個性の伸長」です。

授業の導入で、めあてとして「道徳は『人間の魅力』を考える時間です。授業の最後にどんな魅力を考えたか聞くので人間の魅力について考えながら授業を受けてください。」と話します。人間の魅力とは人間のかっこいい、すてきな心のことです。これはすべての内容項目に適応できます。

範読後、内容を確認（簡単に板書）し入り口の発問へ移ります。
①（入り口）カンナは父の言葉と木箱の中の鉛筆を見て何を考えたの？

父が、木箱にびっしり詰まったちびた鉛筆をカンナに見せ、「才能がないと気づいたら、こうやって才能を作りなさい。」と静かに言う。それを受けて入り口の発問を行います。ここからグループ活動を利用します。

生徒からは、カンナのこととして「あきらめようとした自分が恥ずかしい、情けない。」「才能がないとあきらめたら前へ進めない。」「父のように頑張れば夢が叶うかもしれない。」、また父のこととして「父は才能がないのに猛烈に勉強し作曲家になったんだ。すごいな。」「才能があると信じたら、本当はなくても父のようにできるんだ。」などの発言が出ます。ここでもう少し父の考えを深めたいときは、以下のように問い返します。
（問い返し１）父の鉛筆に込めた思いは何だろう？【内容理解】

問い返しは発言した生徒にすぐにするのではなく、ある程度考えが出そろった後に、全体へ行います。すると生徒たちはさらに「猛烈に勉強すれば才能を補うことができる。その証が鉛筆だ。」「夢を叶えるために、なれると信じてやること。その結果の鉛筆だ。」「才能がないなら努力で

カバーしよう。努力の結晶が鉛筆だ。」と発言していきます。ここで揺さ
ぶりの問い返しをします。あらかじめ、「他の人より頑張れば甲子園にいけ
る？」「Ｊリーガーになれる？」と野球やサッカー部員と話しておきます。
(問い返し２) 頑張れば夢は叶うの？【揺さぶり】

　「簡単に夢が叶うわけはない。」「頑張っても、努力してもできないこ
とがある。」プロになれるのはほんの一握り。そんなことは生徒たちは
分かっています。だから否定的な発言が出ます。しかしカンナは父の一
言で変わります。壁にぶつかったときは、箱の中のたまった短い鉛筆を
見て、まだまだと自分を勇気づけるのです。そして中心発問へ入ります。
②(中心発問) カンナは短い鉛筆を見てなんで勇気が出るの？

　生徒たちは「鉛筆を見てもの書きを頑張る勇気が出た。鉛筆は自分が
少しでも頑張った証。」「鉛筆は少しずつの努力の積み重ね。それが夢を
叶える第一歩。」「わずかでも鉛筆がたまることで父に少しでも近づく。」
と。そこで教師はすかさず「えっ、鉛筆がたまれば夢は叶うの？」と問
い返し続けます。生徒は「なれるかどうか分からないけど、努力すれば
自分が磨かれる。」「やらないよりやった方が価値がある。」「あきらめた
ら終わりだ、やらないと夢は絶対に叶わない。」と、考え続けていきます。

　ねらいとする道徳的価値は「向上心、個性の伸長」ですが、それには
Ａ−１「自主、自律、自由と責任」、Ａ−２「節度、節制」、Ａ−４「希望
と勇気、克己と強い意志」、Ａ−５「真理の探究、創造」など同じＡの視
点の内容項目が関連しています。そのことを踏まえて、生徒たちに自由
に考えさせる授業が大切だと考えます。

板書例『木箱の中の鉛筆たち』

板書例は
右上にめあ
て「人間の
魅力」と書
いたうえで、
左から右へ

流れていきます。最後に人間の魅力を問うことで、ねらいとする、ある
いは関連する道徳的価値に収束していきます。

■考えを深める問い返し─『樹齢七千年の杉』の実践

　屋久島の縄文杉と出会った筆者（椋鳩十）が感動したことをつづった
教材です。ねらいはD-20「自然愛護」です。

①縄文杉と出会った椋さんはどういうところに感動したのだろう。「椋
　さん、縄文杉の何に感動したの？」（What?）

　グループになり椋さんが縄文杉の何に感動したのかを考えさせます。
もちろん教材に多く書かれています。書かれていないことを考える生徒
もいますが、ここは問い返さずに多く出させます。例えば、「7000年も
生きていることがすごい命。」「大自然の奥深さを象徴する不思議な存
在。」「触ったら指先が青く染まるほど、葉が新鮮に光っていて、若々し
い。」「死の瞬間まで実をつけ子孫を残そうとするすごさ、すばらしさ。」
など。意見が出そろったら、ここで出た考えに対し全体に問い返します。
（問い返し・中心発問）椋さんは、それで、なんで感動するの？（Why?）

　グループで、椋さんが感動したものの正体を考えさせます。生徒たち
は、「死の瞬間まで命の火をほうほうと燃やす生き方がすごいから。」
「7000年も生きて、さらに子孫を残そうとする力強さ。」「倒れる瞬間ま
で命を最後まで使い切ろうとするその力強い気持ちと子孫を残そうとす
る心。」「縄文杉の生き方がすばらしい、美しい生き方だと感じた。」など
と発言していきます。ここもある程度出そろったら、さらに問い返します。
（問い返し）椋さんは、それで、なんで感動するの？（Why?）

　くり返し問うことで、生徒の発言の、さらに奥底にある感動の正体を
考えさせます。生徒たちは、「人間の一生と比べたら、比較できないほ
ど長生きだから。」「その巨大さに比べ、人間がちっぽけに見えるから。」
「自然は人間の力をはるかに超え、その生き方を美しいと感じさせるの
がすばらしい。」などと発言していきます。時間の許す限り、さらに「そ

れで、なんで感動するの？」と問い返していきます。生徒は「まだ聞く
か？」と言いながらもさらに深く考えていきます。これが、生徒の考え
（道徳的価値）を深める問い返しです。

　ここで、生徒は人間の力を超えた「自然に対する畏敬の念」を考えて
いきます。そして、「この畏敬の念があるから自然は大切だ。自然を守
っていこう。」という「自然愛護」にもつながっていくのです。この段
階では意見として出なくても、振り返りの感想に多く出てきます。もし
生徒の考えが深まっていないように感じたら、あらかじめ黒板に貼って
おいた縄文杉の写真などを見せて、以下のような価値を収束させる発問
をするのも効果的です。

②縄文杉は囲われ保護されています。それはなぜ？【価値の収束】

　生徒は「自然は人間が守らなければ残らない。」「人間の力を超えたも
のだからこそ大切にしたい。」と発言していきます。もちろん教師はさら
に「人間の力を超えた自然を守ることなど人間にできるの？」と問い返
します。すると「守ることはできないかもしれないが、自然と人間が共
存することはできる。共存しないといけない。」などの考えも出てきます。

　そして最後の収束の発問です。「自然のすばらしさ、すごさをいっぱい
考えました。それでは今日の授業で考えた『人間の魅力』は何だろう。」
と問い、自然のすばらしさ、すごさを感じられる人間の魅力をとらえさ
せます。板書の右上に記した「人間の魅力」に行きつくことになるのです。

板書例『樹齢七千年の杉』

（松原弘）

Q. 生徒の思考がつながる話し合いは、どうすればよいのですか？

■「話し合いの土台」はしっかりしていますか

　生徒が道徳的な課題やテーマについて語り合うとき、その空間は安心したものになっているでしょうか？　本音を言えない状況が優先し、語り合いにならなくなるのはとてももったいないことです。道徳科の授業で安心して自分の意見が言える、相手の意見を尊重できるような空間をつくってあげましょう。そのためにはやはり、「学級経営」が基盤になります。人間関係づくりを意識した学級経営は、生徒指導面だけではなく教科での学びにも大いに影響を及ぼします。ここでは、どのような「話し合い」や「議論」でも役に立つ「つなぎ言葉」を紹介します。では、想像してください。みなさんが話し合いの場面で意見を述べました。誰も反応しない、冷たい空気が流れる……。そのような中では議論どころではありません。年度初めの学級開きの段階から「つなぎ言葉」について触れ、学級全体で共有しましょう。学級目標を決めるなど、話し合いの場面が多くありますので、生徒はすぐに使うようになります。

対話で納得

た　い　わ　で　な　っ　とく
確かに！　いいねぇ！　私だったら！　なるほど〜！　つまり……

　「対話で納得」を合言葉に、友達の考えや意見をそのままにせず、上手に「聴く」ことができるようにしてみましょう。「議論」は「語り合い」であり、「語り合い」は「聴き合い」です。さまざまな考えが交流してこその道徳科の基盤にもう一度目を向けてみると、これまで積極的に発言しなかった生徒からびっくりするような考えを聞けるかもしれません。

■生徒の思考の始まりは、いつか

　多くの道徳科の授業では、授業の中で教材を読み、考えながら話し合いを行うことが多いのではないでしょうか。教材を読んだ感想を伝え合う時間を設けている先生方もおられると思いますが、限られた授業時間を考えるとそのような時間をとっていられないという人もいるでしょう。ここでは、教材を「事前」に読む手法で実践した『海と空　―樫野の人々―』（文部科学省読み物教材）を例に挙げながら考えていきましょう。

　さて、みなさん、生徒の思考はいつから始まっているのでしょうか？教材を読んだあとに涙を流したり、納得のいかないような表情をしたりした生徒を目の当たりにした経験はありませんか？　そうです。生徒の思考は教材を読み進めているときから始まっているのです。そこで、そのできたてほやほやの思考を記憶しておきましょう。授業の振り返りと比較すると、ものすごく深い考えをしたことを生徒が実感します。

　「事前」に読む方法は読んで字のごとくですが、ただ読むだけではなく、読んだあとに考えたことを書き留めたり、ICT機器に入力したりすることが大切です。そして、そこにプラスして「理由」を記録しておくことも、とても重要な作業です。

　①「事前」に教材を読む。　　②印象に残った場面や言葉を書く。
　③なぜその場面や言葉が印象に残ったのかを考えて書く。

　授業者がワークシートを準備してもいいですし、教科書の片隅にメモをとらせても構いません。

　印象に残ったところはすぐに思い浮かぶかもしれませんが、なぜその場面を挙げたのかを考えさせることにより、できたてほやほやのその思考の根っこについて自分と対話させることができます。教室の中で誰かと議論する前に、まずは自分の素直な感想と向き合ってから授業に臨むことで、これまでにはない深い思考から授業がスタートすることになります。『海と空』の教材で、生徒はどのような感想をもったのでしょう。

■事前に読んだ教材の感想から発問、さらなる思考へ

　生徒が事前に教材を読み、感想を記入したもの（メモ程度で充分）を授業日の何日か前には確認し、発問の検討をしましょう。ICT機器に入力してもらうと、この授業準備の作業がとてもスムーズにいきます。また、反対に生徒の実際の文字を見ることで、迷いや強い意志をもった感想を見ることもできますので、「事前」に読んだ感想の把握については、先生方がどちらの方法をとるのか選択されて構いません。

　ここに実際の感想の一部（発問にとりあげたもの）を示します。

【生徒Aの感想を用いて】
「海と空が一つになったこと」について疑問を抱き、自分なりの考えを書いています。そのことを授業で考えたいという内容です。この疑問についてを中心発問としました。

> 海と空が、水平線で一つになっていたとはどんなことなのと考えてみたら、海は海軍基地にあったトリントを助けた日本ですが、空はテヘラン空港から日本人を飛行機で助けたことで両国の助けあいという思いがつながりになって大きな歴史やで両国の助けあいという思いがつながりになって、トルコの人の思いが生まれた、ということなのかなと思いました。

【生徒Bの感想を用いて】
樫野の人々も食料が限られているのに、トルコの人々に食料を分け与えたということについて書かれています。どうしてそこまでしたのか？　その内容を補助発問にしました。

> 樫野の人々は、自分たちも、大変なのに、トルコの人々のために、食料や衣服をあたえたり、する思いで大変なのに、すごいなと思った。わたしは、なかなか自分がこまってるのに、人のことを考えることはできないなと思ったし、できないことだと思った。

　生徒Aは『海と空　―樫野の人々―』を読んだ直後から、「海と空が一つになったというのはどういうことなのだろう？　私はこう思う！」と、ねらいに迫る感想を抱きました。授業では、この感想を中心発問として学級全体で考えました。教師から与えられた「問い」はときに、生徒の思考の分断を呼んでしまうかもしれません。「○○さんがこのような疑問をもっているんだけどみんなで考えてみる？」このように、同じ教室にいる生徒の感想から組み立てられた発問は道徳的課題への思考意欲をかき立てるでしょう。教師がファシリテーターになることで、生徒の思考は柔らかく、なおかつ多面的で多角的な思考につながります。「あの子はなぜそう思ったのかな？」と話し合いへの意欲がますます高まります。

■「道徳議論班」を組み立て、思考の対流をつくろう

　「考え、議論する道徳」といわれていますが、みなさんはどのように「議論」をさせていますか？　近くの人と話し合うこと、自由に話し合うこともとても大切ですが、今回はせっかくですので、生徒が事前に読んだ教材の「感想」をもとに「道徳議論班」をつくってみましょう。

> 違う視点で書かれた感想をもつ3～4人の議論班をつくる

　事前に生徒の感想を把握したからこそ、議論させる工夫も考えることができます。同じ意見をもった生徒同士の話し合いにももちろん意味がありますが、同じ教材を読んでも心に引っかかりを覚えたところが違う人たちが集まると、議論していて面白い！　となるはずです。自分が考えなかった視点に気づいたときこそが深い学びのスタートです。

　『海と空　―樫野の人々―』の教材がねらいとするのは、C-18「国際理解、国際貢献」です。地域によるとは思いますが、身近なこととしてとらえづらい価値だと考える生徒も多くいます。教材を読んだだけで、海と空が一つになったことについて自分の考えをもてる生徒もいれば、樫野の人々も食料がない中、トルコ人に分け与えることが信じられないと考える生徒など、さまざまです。生徒の数だけある想いを効果的に交流させるためにも、違う視点をもった生徒を意図的に同じ班に組みましょう。そして、ぜひ、授業の始めに、それぞれがもった「理由つきの感想」について班で共有する時間をとりま

しょう。授業前の自分だけの思考
→違う視点での感想から刺激される思考、とつながり揺れる思考が明確になります。

班で議論している様子

■ワークシートやデジタルシートに「思考ツール」をつけ足す

　生徒の感想を生かした「発問」、思考が深まる「道徳議論班」を活用
した授業では、生徒の考えを整理するワークシートにもひと工夫を加え
ましょう。生徒にとって身近ではない道徳的課題に対して自分の考えを
もち、友達の考えを聞き、そしてまた考える、となると、なかなか思考
の整理を続けるのは困難です。そこで、思考整理お助けワークシートを
用意しましょう。特別な準備はいりません。いつものワークシートにつ
け足しです。

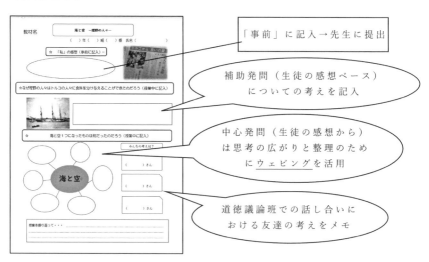

　授業でたくさん考えた！　生徒のその気持ちが可視化されることで、
どのような考えをもち、友達との話し合いから思考がどう広がり、深ま
っていったのかが分かります。随時更新される生徒の思考をつなげるた
めにも、思考ツールを活用したり友達の考えをメモできる欄を設けたり
してみましょう。思考のつながりは教材を初めて読んだときから始まっ
ていますが、自分の考えや友だちの考えをワークシートに整理する段階
でそのつながりに気づくこともあるはずです。自分の思考の変容や明確
化、友達の考えの揺れなど、思考ツールの活用は授業に彩りを与えます。

■思考のつながりが分かる板書

　生徒の考えをどう分かりやすく板書できるか、いつも悩むことです。今回の『海と空　一樫野の人々一』の授業では、ワークシートと板書の一体化に焦点を当てています。道徳議論班での学びをホワイトボードに、学級全体での共有を黒板に書くなどして、生徒が一人で考えたとき、班での議論を行ったとき、他の班での議論、それぞれの思考が学級全体での共有の段階で分断されないような手立てをとります。ワークシートと板書の一体化は特別な支援を要する生徒（言語的な支援を含む）にも分かりやすく、授業から取り残されることを軽減できる効果もあります。

『海と空　一樫野の人々一』板書（一部）

議論班での考え（一部）

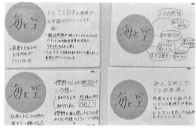

■授業が終わっても、「どこかで思考がつながる終末」を

　授業が終わっても授業での学びが深まる終末にするには、少しでも生徒の心に余韻が残るものでなければなりません。この授業では、今でもトルコでは絵本や文献、伝聞として語り継がれていることを伝え、東日本大震災のときにトルコの人々が最後まで残ってがれきを片づけてくれている様子を映像で流しました。国や人種、時を超えてつながっているということを感じさせながら授業を閉じます。道徳科の授業だけでなく、社会科や英語科の授業、総合的な学習の時間など、時折話題に出すことでさらなる思考を紡ぎ出すことができるでしょう。

（山本理恵）

生徒の心の中を整理できる板書にするには、どうすればよいのですか？

■板書は、生徒の視覚支援

　道徳科の板書には、生徒への視覚支援という意味合いが大きいと思います。ですから分かりやすく整理して板書するということを一番に意識しています。色のチョークを使う場合も色に意味をもたせ使います。例えば「青」はマイナスな思い、「黄色」は考えさせたいこと、「赤」は道徳的価値につながる考え、というように色分けをしています。また、生徒に分かりやすく興味をひきやすいように、漫画等で台詞の吹き出しに使われる表現や共通に理解できる驚きを表すマークや怒りを表すマークなども活用します。50分の道徳科の授業では、全員が速く理解し合う場も必要です。そのためにも板書は共通理解に有効な支援です。近年、電子黒板やタブレットを活用することも多いと思いますが、大切なことは授業の中で考えを深めるために、振り返りができる視覚支援であり、なお必要かつ効果的な板書を残しておくことだと思います。

■中心発問が、板書の中心になるスペース配分

　「板書がいっぱいになり、スペースが足りなくなる」このようなことはありませんか。限られたスペースで板書内容をどのように配分すればよいのかという問題です。道徳科の板書は、展開部分では、①「教材内容の理解の補助」②「道徳的価値を深める基本発問に対する考え」③「中心発問から深めていく考え」を書いていくことを意識しています。

　①「教材内容の理解の補助」では、生徒にスムーズに教材内容を理解させるために、挿絵と共に設定についての必要なキーワードや文を短冊等で準備しておくと短時間で内容を把握させることができます。電子黒板で教材を提示するときも、重要な挿絵やキーワード、文などを黒板に

残さなければ、理解が不十分なまま授業を展開してしまい、道徳的価値を深めることができなくなると思います。

②「道徳的価値を深める基本発問に対する考え」では、人間的な弱さや道徳的価値に関わる問題が生じた原因などを記述します。ここまでの板書が黒板の二分の一になるように心がけておくことで、後半の中心発問に対する考えの板書部分を十分にとることができます。

③では、「中心発問は、黒板の中心に書く」という意識をもって板書していきましょう。

『裏庭でのできごと』の板書の一部

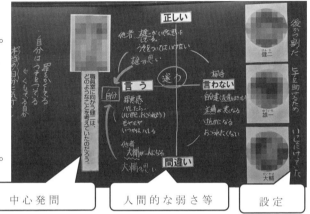

中心発問　　人間的な弱さ等　　設定

■生徒の発言を分類して板書

「生徒の発言は全部書くことが意欲につながる」という考えもありますが、書くことばかりに集中してしまいます。生徒の顔を見て発言を聞いたり、他の生徒の反応を確認したりすることができないうえに、板書が煩雑になってしまい、考えを整理することが難しくなります。

私は、生徒の発言を分類して板書するようにしています。分類の視点にしているのは、【セルマンの「役割取得能力」】です。生徒の発言に違いはあっても、次のページに示した表の四つの視点で聞き分けると分類しやすくなります。

発問に対しての生徒の発言を板書に順番に書くのではなく、自分の視点で行っていることは、吹き出しの右側から書き、社会的な視点の考えは左側と決め、分類して書いていきます。

セルマンの「役割取得能力」の発達段階

レベル1	主観的な視点	主観的役割取得：表面的な行動から感情を予測する。
レベル2	二者関係の視点	二人称相応的役割取得：他者の視点から自分の思考や行動を内省できる。
レベル3	集団の視点	三人称的役割取得：自分と他者の視点以外、第三者の視点をとることができる。
レベル4	社会の視点	一般化された他者として役割取得：多様な視点が存在する状況で自分の視点を理解する。

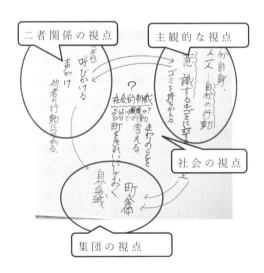

板書の一部

　これらの視点で発言を分類して、書く位置を意識して板書することで、社会的なレベルに高めていこうとする意図的な板書となり、生徒の考えを深めることにつながります。

　また、道徳的価値を深めていくとき、生徒の考えが多面的・多角的になっていくことが多々あり、考えの中にあるキーワードを意識して分類し、板書することも有効です。キーワードの部分を空けておき、生徒にキーワード化させることにも意味があると思います。

キーワード化を意識した板書例

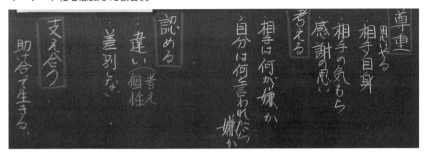

■教材や学習展開に応じた板書パターンを活用しましょう

　道徳科の授業において、教材の特性や学習展開に応じた板書の仕方を
いくつか知っておくと、板書がより構造的になります。ここでは私自身
が意識して実践している三つの例を紹介します。

①心情の変化の視覚化

　心情の変化を追いながら考えさせる教材、例えば『いつわりのバイオ
リン』（あかつき教育図書）では、バイオリン作りに誇りをもつ腕のよ
い職人のフランクは、依頼されたバイオリンの製作に間に合わず、弟子
のロビンが作ったバイオリンを自分のものと偽り渡してしまいます。そ
の後、後悔の日々を送るフランクは、「あなたを尊敬している」という
ロビンからの手紙に涙し、再び前を向いて歩み始めます。

　フランクの心情では、誇りをもちバイオリン作りに励む日々をプラス
と考えれば、期限という外的な要因が原因となり弟子のバイオリンのラ
ベルを貼り替えるときは、大きくマイナスになります。その後の後悔す
る日々もマイナスになったままです。しかし、ロビンの手紙の内容は、
フランクの心情を大きく揺り動かす要因になり、それによってフランク
が再び歩み始める心情へとつながりプラスの方向へ変容していきます。

　この心情の変化を生かして、板書していきます。板書では、人間とし
ての弱さのようなマイナスの心情は黒板下部に、プラスの心情は、黒板
上部に書きます。心情の上（プラス）下（マイナス）を視覚的に表した

心情の変化を視覚化した展開の板書例『いつわりのバイオリン』

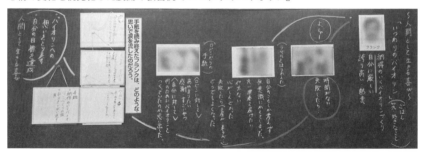

　板書は、生徒の視覚支援につながるとともに、フランクが変容した理由に迫る内的な要因について、深く考えさせることができます。

②登場人物の心情を並列に板書する

　複数の登場人物の思いが並行して関連し合っていくような教材では、思いを並列に対比させて板書していく方法も効果的だと思います。例えば、『ジョイス』（あかつき教育図書）では、誤審をしたジョイスと誤審によって完全試合にならなかったガララーガの心情が描かれています。ガララーガとジョイス、それぞれの心情を下図のように並列しながら板書していきます。主として考えさ

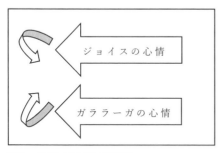

『ジョイス』での並列を意識

せたい心情に視点を当てながらも、その心情に深く関わる人物などがいる場合は、時間軸に沿って並列で心情を考えることで、多面的・多角的に道徳的価値について考えるヒントにつながります。

　他にも、時間軸にそって板書することが効果的なのは、『海と空―樫野の人々―』（あかつき教育図書）のように、時を超えて他国の人々と助け合おうとする思いを考えさせる教材です。

③問題解決的な学習展開の板書

　問題解決的な学習展開をする場合は、問題が明らかになるような板書

問題解決的な学習展開『ヨシト』板書例

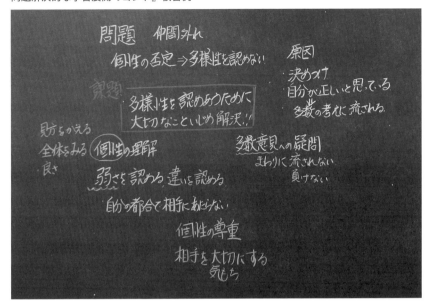

が効果的ですので、問題を解決する道筋が理解しやすいように横書きで
の板書をしています。

　『ヨシト』（あかつき教育図書）は、幼なじみのヨシトのよさを知りつ
つも周囲の理解のなさに揺れる主人公の心情が描かれています。この教
材では、上の板書のように問題から原因を考え課題を明確にし、道徳的
価値が深まる過程を明確に示すことで、問題解決への道筋が理解できます。

　道徳科の板書は生徒にとって思考を深める重要な手がかりです。終末
等で、本時に考え学んできた足跡を、短時間に自分なりに見つめ直し理
解する助けにもなります。生徒が静かに板書を見ながら、自己に本時の
学びを問うことの重要な機能を果たすことにもなるのです。教師が明確
な意図をもって板書することを大切にしたいですね。

（小原智穂）

**.** 現代的課題（「いじめ」や情報モラル）の教材を
効果的に扱うポイントは何ですか?

■考え続ける姿勢を大切に

　現代的な課題とは、私たちが現代社会を生きるうえで直面している課題のことです。現代的な課題の多くは、答えが一つではない課題や、多様な見方や考え方ができる課題です。したがって、教材を通して、その課題に向き合い、解決を目指していくためには、必然的にさまざまな人々と協働して共に考え、自分とは異なる多様な他者と議論しながら、よりよい解決策を模索していくという授業展開になると考えます。ここで大切なのは、他者と協働して考え抜き納得解を導き出したとしても、そこで終わることなく、その先に浮上した新たな課題について、考え続けようとする探究的な姿勢をもつことです。道徳科では、ときに対立することもある多様な価値観の中で、「いかに生きるべきかを自ら考え続ける姿勢」こそ、育てたい資質であるとされています。現代的な課題を扱った授業は、まさにそういった資質を育てるための核となる学習といえます。

　『いつでも・どこでも・誰とでも』（あかつき教育図書）という教材を例に、現代的な課題を扱った授業の実践例を紹介します。この教材は、友人同士である二人の女性の会食で起きた出来事から、礼儀について考えるものです。SNSへの投稿に夢中になるあまり、目の前の相手と視線すら合わせない時間が続き、楽しいはずの食事に冷たい時間が流れるといった内容です。ねらいは「レストランでの出来事における『私』の問題とその解決について考えることを通して、礼儀の根底にある人間尊重の精神の大切さに気づき、時と場に応じた適切な言動で、他者を思いやる心を伝えていこうとする道徳的判断力を高める。」です。

　実際の授業では、導入で「自分はインターネットや情報機器に依存していると思うか」というアンケートを行いました。すると、半分以上の

過程	発問と予想される生徒の反応	指導上の留意点
導入	○インターネットや情報機器に依存しやすいのはなぜだと思いますか。 ・手軽に使えるから。 ・ずっとつながっている感覚がもてるから。	・情報機器への依存について問題を喚起する。
展開	○佳子が嫌な思いをするまで、「私」がSNSを続けていたのはなぜでしょう。 ・すぐに返信しなければならないという考えが身についてしまっていたから。 ・少しだけならいいやという考えがずっと続いてしまい、終われなくなってしまったから。 ◎「私」と佳子のような心のすれ違いが起きないように、人と人とをつなぐ本当のコミュニケーションをするためには、どのようなことが大切なのでしょう。 ・目の前にいる相手を大切にすること。 ・情報機器に依存したり、振り回されたりしないように気をつけること。 ・お互いによりよいコミュニケーションをとろうという姿勢を大切にすること。	・この状況を引き起こした原因を考えながら、それが情報機器の問題ではなく、「私」の問題であることに気づかせる。 ・この出来事で私に欠けていたことを考えながら、コミュニケーションにおいて大切だと思うことをできるだけ多く挙げる。
終末	○今日の授業を通して感じたことや考えたことをノートに書いてみましょう。	・人間尊重の精神について、生徒自身の言葉でまとめさせる。

板書例『いつでも・どこでも・誰とでも』

生徒が依存傾向にあることが分かりました。中には、あまりの情報機器の便利さ故に、使うことが当然と考え、依存しているという感覚すらない生徒もいました。そこで、情報機器に問題があるのではなく使う人の問題であることを認識させるために、教材を読んだあと、「佳子が嫌な思いをするまで、『私』がSNSを続けていたのはなぜでしょう。」という発問をしました。ここで、「私」に欠けていたものを出させ、そのうえで「『私』と佳子のような心のすれ違いが起きないように、人と人とをつなぐ本当のコミュニケーションをするためには、どのようなことが大切なのでしょう。」という発問につなげていきました。生徒たちは、改めて、人間の心と心の通い合いについて、そのよさと大切さについて考えを深めていきました。

　情報機器の発展はめまぐるしいもので、どんどん便利な時代になっていきます。しかし、どんな機器を使おうとも、あるいは使わなかったとしても、人間がお互いを大切に思い、尊重し合うことがコミュニケーションの根底にあるということを改めて実感させられた授業となりました。生徒たちは、この先、実際に今回のような問題に直面するかもしれません。そのときも、人間尊重の精神を大切にしながら、問題に向き合い、考え続けていく姿勢を大切にしてほしいものです。

■「いじめ」の教材は、時期を考えて

　いじめの問題は、現代的な課題の中でも、最大にして喫緊の課題といえます。各学年で時間をかけてじっくりと取り組む必要のある課題ですが、いつやるかという時期も重要です。実際に問題が起こってから、あるいは起きそうなときにやっても、いじめはなくなりません。それは、いじめを許さない心がしっかりと育っていないからそのような事態が起こってしまうともいえるからです。したがって、各学年のなるべく早い段階で、その発達段階に合った教材、ねらい、授業展開を考えて行うことが望ましいと考えます。もちろん、早い段階でやってしまってその後はやらないということではなく、生徒が不安定な時期に入る前に、いじめの教材を扱うことが有効であると考えます。

　『君、想像したことある?』(あかつき教育図書)という教材を例にいじめを扱った授業の実践例を紹介します。この教材は、子役タレントをしていた春名風花さんからの、いじめをしている子に向けたメッセージです。インターネット上での誹謗中傷に傷ついた経験のある春名さんは、いじめをする人たちの心理を分析し、「自分より弱いおもちゃで遊んでいるだけ」「感情のおもむくままに、醜悪なゲームで遊んでいるだけ」と述べています。春名さんの主張から、いじめの醜さについて考え、議論しながら、人間としての生き方を見つめるような授業が望まれます。

　授業の流れは、次ページに示した通りです。ねらいは「いじめの卑劣さを訴える春名風花さんの主張から、いじめをする人間の弱さや醜さと、それに打ち勝つ心について考えることを通して、自分の弱さに打ち勝って、差別や偏見、いじめのない社会の実現に努める道徳的態度を養う。」です。中心となる内容項目はC-11「公正、公平、社会正義」ですが、関連価値として、D-22「よりよく生きる喜び」を想定しています。自分の心の中にある弱さ、醜さに向き合うことがいじめのない社会の実現の第一歩であると考えます。

過程	発問と予想される生徒の反応	指導上の留意点
導入	○今日は「いじめ」について考えます。	・問題提起してすぐに教材に入る。
展開	○春名さんの文章を読んでどんなことを思いましたか。 ・その通りだと思った。遊びやゲーム感覚で人を傷つけている人が許せない。 ・今、いじめをしている人にこの文章を読んで、気づいてほしいと思った。 ○「いじめをする人」とは、どのような人間なのでしょう。 ・想像力がない人。 ・自分の弱さを隠そうとしている人。 ・優越感をもちたい人。 ◎いじめをなくすためには、どのような心を大切にしなければならないのでしょう。 ・人の痛みや弱さを思いやる心。 ・自分の弱さに向き合う心。 ・本気でいじめをなくそうと思う心。	・特に春名さんの「いじめをする人」について感じたことを率直に意見交流させる。 ・文中の言葉をもとに、自分の考えも加えながらできるだけたくさん発表させる。 ・誰に、どんな心が必要なのか、多様な視点から考えさせる。
終末	○今日の授業を通して感じたことや考えたことをノートに書いてみましょう。	・人間の弱さと強さについて、生徒自身の言葉でまとめさせる。

板書例『君、想像したことある？』

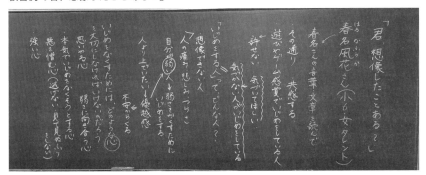

　実際の授業は、中学2年生の4月の終わりの時期に行ったものです。5月は、4月に慣れない環境の中で頑張った分の疲れが、燃え尽き症候群という形で現れることがあります。その疲れやストレスから他人を攻撃してしまうことが、いじめの原因になってしまうことも考えられます。そうなる前に、この教材を扱った授業を行って、「いじめをする人がどんな人か」を考えさせることにしました。

　春名さんは、「今から書く言葉は君には届かないかもしれない。だって、いじめてる子は、自分がいじめっ子だなんて思っていないから。」と言っています。そこで授業では、教材を読んだあとに「この春名さんの言葉があなたには届きますか。」と尋ねてみました。春名さんの言葉に共感した生徒は多く、遊びやゲーム感覚で人を傷つけてしまう心や、自分が優越感をもちたいがために人をおとしめる弱さを憎む気持ちを語ってくれました。また、「いじめをする人はどんな人か。」という問いに対しては、想像力の欠如という言葉にとても多くの生徒が反応しました。そして、いじめをなくすためには、この想像力や、他人の痛みや辛さ、悲しさを思いやる優しい心をもつことが重要だと考えました。4月の学級の始まりに、このような授業を通して、人として大切なことを考え、議論し合った経験は、とても大きな意義と価値があるものだと考えます。

（鈴木賢一）

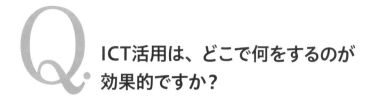

Q. ICT活用は、どこで何をするのが効果的ですか？

■対話のきっかけが生まれるような活用を

　道徳の授業で「あなたならどうしますか。」や「どちらを選びますか。」といった発問をすることがあると思います。その際、ICTの力を借りれば、瞬時に一人一人が自分の意見や立場を表明したり、他の友達の考えと比較したりすることができます。ここで大切なのは、誰がどんな意見をもっているのか端末の画面上で把握したら、自分とは異なる見方・考え方をもつ友達のところに直接行って「なぜそう考えたのか」「自分の考えは本当にそれでよいのか」と対話をしながら考えを深めていくことです。このように、ICT活用は、選択や判断を問う場面で、対話のきっかけが生まれるようにすると効果的です。

　『ジョイス』（あかつき教育図書）という教材を使って、その具体的な実践例を紹介します。この教材は、アメリカ、メジャーリーグで実際に起きた誤審事件を題材にしたものです。投手ガララーガは、9回2死まで一人の走者も出さない投球を続けていました。しかし、最後の打者を1塁ゴロに打ち取ったはずが、塁審ジョイスの誤審により内野安打とされ、完全試合を逃してしまいました。それでもガララーガは判定に抗議せず、試合後にはジョイスを気遣うなど気品ある態度を示しました。一方、ジョイスも自らの過ちを正直に認めて謝罪しました。二人の清々しさに球場からは賞賛の拍手が送られたという内容です。

　ICTを使った授業の流れは次のページの通りです。ねらいは「誤審の翌日も審判を務めようとするジョイスの思いについて考えることを通して、自分の行為に責任をもつことの大切さに気づき、自律的に判断し、誠実に実行してその結果に責任をもつための道徳的判断力を高める。」です。内容項目は、A-1「自主、自律、自由と責任」です。

過程	発問と予想される生徒の反応	指導上の留意点
導入	○「誠実」とはどういうものでしょう。 ・まじめ。素直。正直。 ・言いわけをしない。	・誠実についての現段階でのイメージを出させる。
展開	○報道陣の前に姿を現したジョイスはどのような思いだったでしょう。 ・大変なことをしてしまった。 ・とにかく謝らなくては。 ・大記録を台無しにしてしまった。 ○<u>眠れない夜を過ごしたあと、自分だったら、翌日の試合に出るでしょうか。</u> ・出られない。逃げ出したい。 ・出る。言いわけはしない。 ・どちらとも言えない。 ◎ジョイスが周りに止められながらも翌日の試合に出ることにしたのはどうしてでしょう。 ・自分の過ちを償おうとしたから。 ・逃げ出してはいけないと思ったから。 ・許してくれたガララーガに対して誠実な態度でいようと思ったから。	・誤審をしたことの重さと、自身の過ちを認めて謝罪しようとしたジョイスの心情をとらえる。 ・ジョイスに自分を重ねて考えさせる。判断の理由を大切にする。 ・悶々とした思いを乗り越えて、自らの責務を果たそうとするジョイスについて考える。
終末	○今日の授業を通して感じたことや考えたことをノートに書いてみましょう。	・誠実な生き方について、生徒自身の言葉でまとめさせる。

※下線部で ICT を使用

79

板書例『ジョイス』

　実際の授業では、誤審を犯してしまったジョイスに焦点を当て、自ら
の過失を認め、逃げることなく責任をとることのよさや大切さについて
自分事として考えさせることに重点を置きました。
　そこで二つ目の発問で、ジョイスが「眠れない夜を過ごしたあと、自
分だったら、翌日の試合に出るでしょうか。」という問いに対して、Goo-
gle Jamboardを使って自分の立場を表明させるようにしました。授業
で実際に使ったGoogle Jamboardは以下のものになります。クラス全
員の名前をつけた付箋紙を用意しておき、それを動かすことによって自
分の立場を表すことができるようにしました。

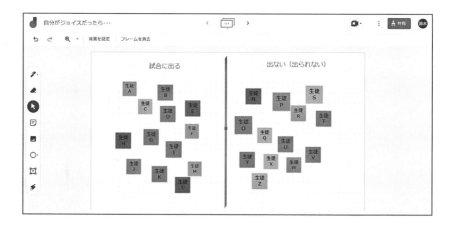

「自分だったら出ない、あるいは出られない。」という立場を選んだ生徒からは、「どんな罵声を浴びるか分からない。」「逃げ出したい。」「ガララーガへの申し訳なさから立ち直れない。」など、素直で率直な意見が聞かれました。逆に「自分だったら出る。」という立場を選んだ生徒からは、「言いわけをしたくない。」「ここで出なかったらこの先も審判を続けられなくなる。」「自分の責任を果たさなければいけない。」などの意見が出されました。ジョイスに自分を重ねながら、自分が大切にしたい考えや生き方、信念が表れていました。

　ここで大切なポイントを2点挙げておきます。

　1点目は、ただ単にどちらかを選ばせるだけではなく、自分とは異なる立場を選んだ友達の意見から学ぶということです。どちらを選んだ方がよい、悪いではなく、また、「試合に出る」を選んだ方がねらいに近いということでもなく、「どうして自分はそう考えたのか。」「そう考えたのは、自分が何を大切にしているからなのか。」といった補助発問を交えながら、自分の考えを明らかにしていくことが重要です。ICTはきっかけに過ぎません。あくまでも対話によって自分の考えを掘り下げていくことが何よりも大切です。

　2点目は、生徒たちの活用能力に応じて、ICTを使うかどうか見極めるということです。例えば選択・判断の理由をタイピングさせてしまうと、逆に時間がかかってしまうこともあります。また、文字で打たせることによって、交流の場面でもそれを読んで発表し合うだけにとどまってしまうことも考えられます。それでは従来行ってきたようなワークシートに書いて発表させる活動と何ら変わりはありません。また、友達の考えに刺激をもらったり、自分の考えが変化したりすることもありません。

　以上の通り、ICT活用は選択や判断をさせる場面で、異なる多様な他者との対話を促進するために活用することが効果的といえるでしょう。

■その他の効果的な活用

　上記の授業で活用したGoogle Jamboard以外に効果的な活用の仕方を三つ紹介します。

　一つ目は、熊本市教育センターが開発したデジタル教材「心の数直線」の活用です。先ほどの『ジョイス』の授業で、同じようにジョイスが「眠れない夜を過ごしたあと、自分だったら、翌日の試合に出るでしょうか。」という問いをする際、この「心の数直線」を使えば、より細かい心の機微を表すことができます。たとえば、「出る」をピンク、「出ない」を水色として、「出る」気持ちが強い場合は数値を100に近づけていき、「出ない」気持ちが強い場合は数値を0に近づけていくように指示をします。そうすると、生徒たちは真剣に自分の心と向き合って、数値を決めることになります。「出る」を選んだ友達同士でも、自分とは異なる数値を表した友達と話し合うことによって、自分の数値をより正確に見直すことができます。

　二つ目は、Googleフォームなどのアンケート機能の活用です。集計が瞬時に行えて便利というだけでなく、対話を促進するためにも役立てることができます。ここでも先ほどの『ジョイス』の授業で同様の発問をする際、アンケートの選択肢を例えば「絶対に出る」「迷うけど出る」「悩む」「出られない」「出ない」と設定し、生徒に選ばせると、全体の傾向をつかむことができます。一人一人の意見も大切ですが、全体を俯瞰させ、「この結果からどんなことが言えるか。」や「このような傾向になるのはなぜだろう。」といった発問をすることも効果的です。ここで重要なのは、アンケートの結果をテレビに映し出して教師が解説してし

まうのではなく、子どもたちの手元で見られるようにすることです。手元の画面を見ながら話し合い、自分の考えを深めていく場面を作るとよいでしょう。

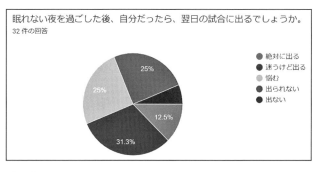

　三つ目は、オンライン掲示板アプリPadletの活用です。これは、クラスで一つの掲示板を共有して、自分の意見を投稿したり、みんなで閲覧したり、コメントをつけたりすることができるものです。『ジョイス』の授業でも、「出る」「出ない」の意見に短い理由を添えて投稿したり、友達の意見に対してコメントをつけ合ったりするという対話の仕方も考えられます。

　他にもたくさんの効果的なICT活用が考えられますが、いずれにせよ、学級や子どもの実態、教材の性質、授業のねらいなどから、より効果的なICT活用法を検討していくことが重要です。

（鈴木賢一）

支援の必要な生徒にとって効果的な学び とするには、どうすればよいですか?

■「生徒の特性に応じた支援」を心がける

　生徒がもつ特性によって、支援の方法は変わります。そのため、支援の対象となる生徒のどこに困り感やつまずきがあるのか、またどのようなことが得意であるのかを把握・理解するために、生徒に寄り添い、生徒の支援ニーズに応えていく必要があります。

　では、授業における支援（合理的配慮）とは、どのようなものでしょうか？以下のような支援が生徒の状況に応じて個別に必要とされています。

　　・「読み」の困難さに応じて、ルビ振り（ふりがなをつける）、音声読み上げソフトなどの活用、拡大印刷した教科書・プリントの使用など。

　　・「視覚」の困難さに応じて、教室前方への座席配置、拡大印刷した教科書・プリントの活用など。

　　・「指示の理解」の困難さに応じて、指示を一つずつ伝達、写真や絵カード等の利用による視覚的な支援、個別の説明など。

　「個」に対応する支援は、どの教科においても大切です。これらの支援は「学びを深める」というより、他の生徒と同様に情報にアクセスし「学習活動に参加することができる」ための支援なのです。

■「みんなが分かる」という視点を取り入れた学びへ

　学級全体を見渡しながら気になる生徒の特性を思い浮かべると「注意集中が難しい、話の要点がつかみにくい、抽象的なことが理解しにくい、相手の気持ちを理解しにくい」などいろいろな特性が見えてきませんか。

　そこで、どの生徒のニーズも踏まえつつ、どの生徒も「分かる」という「授業のユニバーサルデザイン」の視点を取り入れてみてはいかがでしょうか。また、以下の「授業のユニバーサルデザインの視点」３点を

特に意識して授業を行っていくのがよいのではないかと考えます。

・授業のユニバーサルデザインの視点

　①焦点化する

　　　→ねらいや指導について多く取り扱わず、課題を絞り込む。

　②視覚化する

　　　→はっきり分かるようイラストや写真、センテンスカードを用いる。

　③共有化する

　　　→話し合い活動や教材を通して、内容を共有する。

■実践　授業前にできること

　支援の必要な生徒に「効果的な学び（深い学び）」を目指すうえで意識したことを実践事例から紹介します。教材やねらいは以下の通りです。

【主題名】それぞれの立場から分かること【B-9「相互理解、寛容」】

【教材名】『言葉の向こうに』（あかつき教育図書）

【ねらい】「私」が発見した「すごいこと」について話し合うことで、それぞれの立場や考え方を尊重することの大切さを理解する。そのうえで自分の内面を見つめ直し、他者のことを考えられる寛容な心を大切にする道徳的心情を育てる。

【教材の内容】インターネットのファンサイトの中でサッカー選手Aに対する自分の気持ちを自由に表現していた「私」は、自分の気に入らない書き込みに対して応酬し、エスカレートしていく。そのやりとりを別のファン仲間から指摘されたことで、自分自身の行為を振り返る。

　ねらいとする道徳的価値について考えるためには、その基となる教材の理解が欠かせません。しかし、教材の内容を場面に合わせて一つずつ押さえながら授業を進めていくと、「読み取りに終始した道徳」となってしまう恐れがあります。また支援が必要な生徒にとって、中学校教材の長文は、その内容理解だけでも大変になり、ねらいとする道徳的価値について考え、深めることまで達成するのは難しいことも予想されます。

そんなときは、生徒が教材内容について理解することを目的とした活動（教材理解への支援）を、朝の会や終わりの会の前後等の少しの空白時間（いわゆる「すき間時間」）を活用して行う方法があります。例えば、個別の支援が必要な生徒への準備として、ルビ振りや教材を拡大印刷したプリントなどを用意します。そして、授業日前（朝の会）のすき間時間に、教材を配付し、必要があれば辞書を活用したり、インタビュー形式を取ったりと、言葉の意味確認を行います。また、音読や範読（数回）を実施する際は、できる限り自分の力で教材を読めるよう、個別に支援します。さらに、授業当日の朝の会で、音読や内容確認の時間を取ることも効果的です。その際に、生徒が内容について端的に表現できるかどうかにも留意してみましょう。

■「効果的な学び」への五つのポイント

　教材内容の理解を事前に実施することで、授業では「ねらいとする道徳的価値について考える」ことに力点を置くことができます。そこで、授業の構成段階から、㋐端的に分かる指示や発問、㋑生徒に合った自己表現や意思表示、㋒視聴覚機器の利用、㋓センテンスカードの活用、㋔自分自身が納得のいく考え、の５点を念頭に置いておきます。

　実際の授業（通常の学級・特別支援学級で実施）では、㋐〜㋔の内容を取り入れたことで、それぞれ次のような授業板書になりました。

実際の板書（通常の学級）

実際の板書（特別支援学級）

㋐端的に分かる指示や発問を行う

　誰もが分かる簡潔な指示や発問をし、「何を考えるとよいのか」を理解させることで、生徒の学びの姿を見取れるようにすることが大切です。しかし、「生徒の意見を引き出したい」という願いから発問のくり返しや言い換えをして、論点がずれてしまうことがあります。

　そこで、板書写真の㋐のように発問を板書することで、「今、何を考えるときか」を生徒自身に意識させるようにします。

㋑生徒に合った自己表現や意思表示ができるようにする

　特別支援学級の生徒や発表の苦手な生徒が無理なく「声」を出せるように、「黒板に書く」、「メモ帳に書く」、「イラストで表す」など、生徒が選択・表現できる場や話し合い活動の場を保障します。

　板書写真の㋑では、自身の心の内を表情のイラストと一言で表現したり、直接黒板に書き込んだりした生徒の学習の跡が残っています。

㋒視聴覚機器を利用する

　教材を自分のこととしてとらえ、考えさせるためには、「登場人物の立場に共感」させることが大切です。そのため、教材の世界に引き込むことを目的として、視聴覚機器（視覚的支援）を活用して、ネット上の「私」が居合わせた状況を提示して疑似体験できるように支援しました。

　モニターに映し出されたネットの誹謗中傷の言葉を実際に目の当たりにした生徒に、「『私』はどんな思いでネットに向かっていましたか。」

と問うと、それぞれの表現方法で自分
の考えを直感的に表現していきます。

疑似体験後の生徒の反応としては、
「相手に対しての腹立たしさ」、「腹立
たしさとAが好きということ」「相手
に向けるいらだち」「Aを守りたい」

疑似体験後、板書をする生徒

「理不尽さを感じる」といった意見が表現されました。

㋒思考を促すために、センテンスカードを活用する

　教材を読み解いていくと、ねらいとする道徳的価値が表出している部
分は、登場人物（主人公）の心情や行為に大きな変化が見られます。つ
まり、その変化の「根」となるものを考えることが大切です。

　板書写真の㋒のように、先ほどの疑似体験で感じたことを理由に「私」
が起こした行為とその後の変化をそれぞれセンテンスカードで提示し注
目させることで、「情況の変化」を視覚的にとらえさせ、自身の意識に
「問い」を生ませやすくなります。

㋔自分の納得のいく考えを見つけさせる

　多様な価値観に触れることは、生徒自身がねらいとする道徳的価値の
多様性を認識することだと考えます。そして、「自己の人間としての生
き方」に向かって自分自身が一歩踏み出せるような心持ちになっていく
ことが大切です。つまり、多様な価値観の中から自分自身が「大切にし
たいものは何か」を明確にする必要があります。そこで、板書写真の㋔
のように、中心発問への意見とその根拠となる考えを出し合いました。
それらの考えの中で、自分の一番近い考えはどれかを選択・挙手させる
ことで、生徒自身が吟味したうえで、自分自身が大切にしたいと思えるね
らいとする道徳的価値についての価値観を明確にさせることができます。
生徒が発表した価値観を紹介します。（→は深めるための問いへの返答）

・人を傷つけるのはよくない → 自分の都合だけでは結果的にはひどい

・相手とうまく付き合える → 一定の距離感はわきまえておく

・相手の気持ち（立場）を考えておく → 自分の気持ちもすっきり

・相手の立場や考えを取り入れることも大切 → 同等な立場で向き合える
　　　　　　　　　　　　　　　　　　　　　　　　　　　　　　　　　　　など。

　このように「個別の支援」と「授業のユニバーサルデザインの視点」を併用することで、通常の学級・特別支援学級いずれでも、「効果的な学び」となっていきます。

■ワークシートから見える「学びの姿」

　生徒たちの「学びの姿」はワークシート（生徒のまとめ）から読み取ることができます。

・ワークシート（通常の学級）より

　今日の道徳の授業で相手や他の周りの人の意見を取り入れる大切さが分かりました。また、ネットでも相手の顔などが分からないし、いろいろな考え方の人たちがいます。授業の最後で④（板書写真参照）を選びました。その理由は、ネットで人の気持ちを考えたり気持ちを取り入れたりすることは、他の人と付き合っていく一つの方法だと思うからです。

　また、それはネットだけではなく、今いる周りの人などともうまく付き合っていく方法だと私は思いました。これからも私は人の気持ちや意見などをどんどん取り入れていきたいと思います。

・ワークシート（特別支援学級）より

　僕は道徳の時間でこう思いました。SNSに悪口を書くと自分が責められるので、日頃からSNSは見てもいいけど言葉を考えてメッセージを送らないといけないと思いました。人には言いやすいことと言いにくいことがあります。

　言葉遣いに気をつけないと、相手が傷つきます。相手とうまく付き合えるために一定の距離感をもつことが自分も落ち込まずに済むし、相手を傷つけずに済みます。そのために、いろいろな場所（例えば学校・家）で相手の立場を考えて話そうと思います。　　　　　　　　　（小島啓明）

第**4**章

授業力・学校力を上げる
校内研修

授業力、学校力を上げるために、
学校ではどんな取り組みをしているのでしょうか?
ここではさまざまな効果的な校内研修を
紹介しています。

授業力UPにつなげる研修

■授業力がUPしたと感じるとき

　研修の推進役は、先生方が「授業力がUPした」と実感できる研修を推進したいと望むでしょう。では教師は研修でどのようなときに授業力がUPしたと感じるでしょうか。過去のインタビュー結果を紹介します。

　まず、校内研修において、先生方は道徳授業に対する授業観が変わったときに、「授業力がUPした」と感じます。特に、子どもが教材の内容や自分自身について意欲的に話し合う姿を見て、授業が「おもしろい」と感じるようになったという声が多く聞かれました（浅部、2019、p.34）。

　次に、校外研修の事例になりますが、先生方は授業が「対話を保障する授業スタイル」に変わったことを成長ととらえていました。具体的には、子どもが考えたいことや対話の時間を保障する、見守るスタイルに変わったことです。また、子どもが①意欲的に考え本音や経験を踏まえた発言をする姿、②友達に共感や質問をする姿、③道徳科を心待ちにする姿を見て、先生方は手応えを感じ、授業が楽しみになったそうです。

　共通点は、教師が「教える」「先導する」という授業観から脱却し、子どもが自分自身のことを友達と意欲的に話し合う授業へ転換したことです。すなわち、授業観の転換を促す研修が重要といえるでしょう。

　ここでは、授業観を転換する研修のあり方や方法を紹介していきます。

■授業を語り、参観し合う場の設定

　近年は働き方改革の影響やさまざまな学校課題への対応のため、道徳に関する校内研修の実施が難しい状況にあります。そこで、日常の授業参観や職員室での会話等のインフォーマルな研修の充実が鍵となります。

　インフォーマルな研修の充実に向けて、まず、授業について職員間で

交流することから始めましょう。授業を語るだけでも省察が生まれます。また、子どもの成長やうまくいかなかったことを話すと元気が出ます。学校には、道徳に興味がある人とそうでない人が入り混じっています。まずは興味がある人同士で話し、次第にその輪を広げていきましょう。

　次に、授業を参観し合う風土を作ることを目指します。以前、道徳に関する研修を受けた複数の先生に「どんな研修が効果的だったか？」と尋ねました。その結果、①客観的な視点からの気づきを得ること、②他者の授業を見ること、③受講者で切磋琢磨することの３点が効果的だと述べていました。①については、参観した先生方から客観的なコメントをもらうことで授業に対する新たな気づきが得られます。②については、参観者が他者の授業を見ることで、「こんな方法もある。」「なぜこのクラスの子どもは意欲的に話すのか。」といった新たな発見が生まれ、自身の実践との比較が生じます。そして、授業を参観し合い共に成長する過程は③切磋琢磨そのものです。これらのコメントをされた先生方は①〜③を実際に行い、子どもが考えを意欲的に話し合う授業観に変容しました。

　中学校では、教師が交代で学年の全学級を回って道徳科の授業を行う「ローテーション授業」を行いやすい環境にあります。道徳授業に学年団の教師全員が参画する体制を整えると、数名の教師に空き時間が生まれます。ローテーション道徳の主たる目的は、教師の学び合いです。T2として授業に参画し、他の先生の授業を積極的に参観しましょう。そして、授業の終わりや職員室で授業について語り合うのです。

　その際、２点留意する点があります。１点目は、「準備の負担を極力なくす」ことです。授業を見られることに負担を感じる先生は多いです。なるべく授業へのハードルを下げ、持続可能なものにすることがポイントです。２点目は、「授業を批評せず対話する」ことです。

■対話型＆教師と子ども両面の視点で行う授業検討

　これまでの授業検討は、「もっとこうした方がよい。」といった批評型

（指摘や助言）が多い傾向にありました。もちろん批評型が効果的な場面もあります。しかし、「私も〜だと思った。」といった、それぞれの立場から経験や感じたことを伝え合う対話型の方が、新たな気づきや授業観の変容に結びつきやすくなります。また、対話型の方が授業者への心理的な負担が少ないです。お互いにいいことを言おうとせず自分が感じ・考えたことを、短い言葉で積み重ねるように対話するとよいでしょう。

　加えて、授業検討に子どもの視点を取り入れることも重要です。近年は、子どもを主語にした教育が求められています。しかし、「先生の板書は〜」など教師を主語にした授業検討が多いです。教師と子ども両面の視点で検討し教師と子どもの認識の不一致を解消することが重要です。

　教師と子ども両面の視点で行う授業検討として、「８つの問い」を用いた方法を紹介します。まず、授業参観において参観者（T2）は、子どもが何を望んでいるか（何をしたか、考えているか、感じているか）を想像しながら授業を参観します。授業後の検討では、はじめに授業の「違和感があるところ」について出し合います。その中で特に違和感がある場面について、表１に示す「８つの問い」を用いて検討します。問１〜問８は答えやすい部分からで構いませんし、すべて行う必要もありません（問４・問８が議論のきっかけになることが多いです）。検討をしていくと、問４と問８（横に隣り合う問い）の答えが異なるなど、教師と子どもの認識にズレが生じる場合があります。その際、「どうしたらズレを埋められるか」を検討することで、これまでにない選択肢が生まれたり、授業観の変容が生じたりします（浅部、2023、p.109）。

　ときには、「今日の授業どうだった？」と生徒に直接聞くのも有効です。大切なのは、授業検討に子どもの視点を取り入れることです。

表１　「８つの問い」

問１．教師は何をしたのか？	問５．子どもは何をしたのか？
問２．教師は何を考えたのか？	問６．子どもは何を考えたのか？
問３．教師はどう感じたのか？	問７．子どもはどう感じたのか？
問４．教師は何をしたかったのか？	問８．子どもは何をしたかったのか？

■短時間で行うフォーマルな研修

　最後に、短時間で行うフォーマルな場での研修アイデアを紹介します。

　1点目は、模擬授業です。これは、実際の授業を行う前に実施します。参加する先生方に事前に教材を読んできてもらい、10分程度で模擬授業をします。短時間なので、中心発問から問い返しをする場面に絞るなど、模擬授業で行う場面を焦点化します。模擬授業は、授業者にとっては子どもの反応に対する即興的な動きを想定でき、対話を保障する授業の身構えができます。参加者にとっては、子どもの学習を部分的に体験することで、授業の見え方に変化が生じます。残りの20分で改善策の検討や、授業に向けた悩み等を相談することで、授業に直結する研修となります。

　2点目は、道徳の授業観や理想の授業スタイル、目指す授業像について話し合う研修です。以前、道徳科の目指す授業像について話し合う研修を行いました。その際、先生方の授業観の違いを共有するとともに、「そもそも道徳の授業はなぜ行うのか」といった本質的な議論になりました。先生方は、何のために道徳授業を行うか、腑に落ちる経験をすると、道徳科を一層大切にします。

　3点目は、教師の価値観や児童生徒観、教材観について話し合い、授業のねらいを検討する研修です。これまでの研修では、授業の本時案を検討することが多かったと思いますが、授業の土台となる指導案の1ページ目の検討も重要です。ねらいの検討では、教師の内容項目に対する理解が不可欠となります。そこで、研修の時間を使って、例えば「友情」が発揮されている場面を具体的に考えたり、各学年で〔友情、信頼〕の学びがどう異なるかを話し合ったりします。内容項目の理解を深める話し合いを、研修や学年打ち合わせで実施するのは非常に効果的です。

　フォーマルな研修とインフォーマルな研修を関連づけ、授業力がUPする研修を持続的に行えるよう、小さな変化から起こしていきましょう。

（浅部航太）

ICTを活用した多様な研修

■クラウドを使ってデータを一元管理する

　研修で使用する資料や学習指導案などは、校内の先生なら誰でもアクセスできる共有クラウドに保存しておくと便利です。今までは校内のファイルサーバを使っていた学校も多いと思いますが、共有クラウドを使えばいつでも、どこでも必要なデータにアクセスすることができます。

　以下は、Googleドライブを使って研修会で使用した資料や学習指導案などを共有しているものです。学校にいるときだけでなく、家に帰ってからも資料を見直すことができたり、また研修会に参加できなかった先生も見ることができたりと、とても役立っています。

　例えばこのドライブ上に、一つの教材について、一つのファイルを作り、その教材を使って授業をした先生は、よかった点や改善点などを書き込んだ学習指導案を共有していくと、次にその教材を使って授業を行う先生の大きな参考になります。この方法は「リレー道徳」（p.112参照）というものですが、それを行う際にも、このドライブは大変有効です。

■学習指導案をデータ化して配信する

　今でも学習指導案を紙媒体で配付している学校は多くあると思いますが、データ化して研修に参加する先生方に配信することで、印刷や準備にかかる手間を省くことができます。また、付箋などを使ってよかった点や改善点を貼り付けるといったことも、データ上では容易に行うことができます。さらに、紙はかさばったり、なくしたりしてしまうことがありますが、データはそのようなことがありません。

　以下は、『仏の銀蔵』（あかつき教育図書）を使って、公開授業研修会が行われたときの学習指導案です。資料はすべてロイロノートで配信して、端末上で開き、よかった点はピンク、改善点は水色、検討すべき点は黄色の付箋を貼っていきました。研修会では、それぞれの画面を共有しながら意見交流しました。授業者は、研修後にも先生方がつけた付箋を見ることができ、次の授業に役立てることができました。

　保存性・共有性は、ICTの得意とする部分です。ICTを上手に活用すると、効率的に研修を進めることができるだけでなく、多くの情報が素早く整理され、視覚的に分かりやすくなるなど、内容面の充実にもつながります。もちろん紙には紙のよさもあります。紙とデータ、それぞれのよさを生かしつつ、参加者がそれぞれ使いやすい方を選べるようにするとよいでしょう。

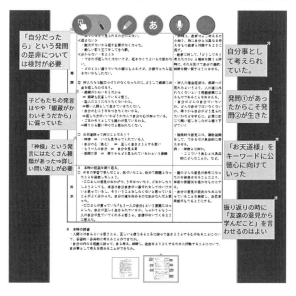

■研修の意識調査にアンケート機能を使う

　ICTを使えば、アンケートを作ったり、それを配信して集計したりすることがとても容易にできます。研修会を行う際にも、例えば以下のようなアンケート調査を行ってみましょう。

・研修会の日時はいつがよいですか。
・研修会の講師は誰がよいと思いますか。
・道徳の授業で困っていることは何ですか。
・道徳の授業でどのような方法が効果的だと感じていますか。
・研修会で話題にしたいことはありますか。
・研修会で扱ってほしい教材や内容項目は何ですか。
・研修会はどのような形式がよいと思いますか。
　①模擬授業　②指導案検討　③実践発表　④教材分析　⑤その他
・よりよい研修会にするためのアイデアがあったら教えてください。

　これらのアンケートを事前に行っておくことで、参加者のニーズに合わせた研修を行うことができます。また、以下のように研修会後にも振り返りのアンケートを行うこともお勧めです。参加した先生方が「とても学びになった」「参加してよかった」と思えるような研修会にするためにも、アンケート調査をもとに先生方の困り感や期待をキャッチできるようにしましょう。

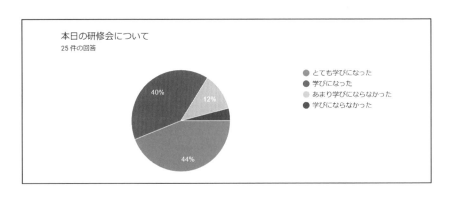

■オンラインやオンデマンドを使う

　研修に参加したいけど、別の仕事と重なって、あるいは忙しくて参加できないということはよくあります。「オンラインであれば参加が可能」という先生がいるようであれば、研修会場にタブレットを置き、ZoomなどのWeb会議サービスを使って配信するとよいでしょう。ビデオやマイクをオンにできない環境であっても、耳だけ参加していることによって研修会の雰囲気や臨場感を味わうことができます。

　また、「その時間には参加できないけど、研修の内容を詳しく知りたい」という先生がいる場合には、先のWeb会議サービス上にあるレコーディング機能を使ってオンデマンド配信するという手もあります。研修会の動画をクラウド上にあげておけば、いつでも、どこでも見ることができます。研修に参加した先生であっても、あの場面を振り返りたい、もう一度勉強したいといったときに、このオンデマンド配信はとても役立ちます。

　ICTを研修に取り入れることで、時間に縛られたり、空間にとらわれたりすることなく、時間を有効に使って、誰もが気軽に学べる雰囲気を創り出すことができるとよいでしょう。

（鈴木賢一）

学校全体で積極的に研修を進める
取り組み

■中学校現場で全員が研修できるシステムを創り出す

　「必要性があることについて学びたい。」これが研修に対して積極的になれるモチベーションではないでしょうか。今の中学校でできることは何か？　それは、共通の課題意識を形にすることと時間の確保です。道徳の教科化は、教科担当制をしく中学校において共通の悩みをもち合わせることにもつながりました。多くの人が困っていることこそ、研修の出番です。みんなに必要とされていることを研修で少しでも解決すれば、最終的には生徒の学びの力へと発展します。ここでは、「道徳教育」に関する研修体系を紹介します。

■「道徳科の授業」を共通項として進めよう

　教科としての体験がない授業者が今度は教科としての道徳を進めなければなりません。特別な研修に行っている人や日々道徳科の授業のことを考えている人以外は道徳科の授業に悩んでいる人が多くいます。専門教科としての研鑽はあるものの、どうやって道徳科の授業を展開していけばいいのか、答えが一つではないものをどう扱うのか、現場からはさまざまな声が聞こえています。それをチャンスととらえましょう。みんなが悩んでいるということは、同じ意識のもと、みんなで考えることができるのです。学校全体で道徳科の授業について真剣に考えるときがきました。
　道徳科の授業で生徒の振り返りを実施している先生方は多いのではないでしょうか。では、授業者の振り返りはどうなっていますか？　実は、この「授業者の振り返り」こそが「生きた研修」の土台になります。生徒の振り返りと自分自身の振り返り、さらには授業参観者からの振り返りの多角的な視点から授業改善につなげることができるのです。

■全体での研修を時間割に組み込む

　中学校は小学校と比べると研修が機能していないのではないか、との指摘がしばしばされます。共通の教科（「特別の教科　道徳」）ができた今、問題は時間の確保ともいえます。ここでは、OJTとしての道徳科の授業改善とその実態を吸い上げて助言を促す会議とをらせん状のように機能させていく研修を紹介します。

　会議の名前を「道徳教育推進会議」として、時間割の中に組み込むことにしました。放課後に設定することも可能でしたが、生徒の活動や部活動が実施されている中での会議はなかなか重要視されません。時間割の中に組むことで時間が確保され、計画的に研修を継続させることができます。この会議は以下のメンバーで開催されています。

【開　催　日】毎週月曜日の2時間目（時間割に配置）
【メンバー】①校長　②教頭　③第1学年主任（学級担任でない）　④第2
　　　　　　学年道徳担当　⑤道徳教育推進教師・第3学年道徳担当（学
　　　　　　級担任）
【開催場所】校長室

　ポイントは、校長や教頭など教員を管理する先生方が参加していることです。各学年の担当者だけでなく、学校のリーダーが先生方の悩みや授業の改善策の内容を知ることにより、授業改善への意欲が高まります。また、時間割の中で道徳教育推進会議をすることにより、その日のうちに会議内容を確認することもできるのです。

■「教師の振り返り」は、研修の土台

　道徳科の授業ごとに以下の内容で授業者や参観者は振り返りをします。

1、導入について　2、展開について　3、終末について　4、ねらいへの過程について　5、授業の成果　6、授業における課題　7、今後の授業への助言とポイント

自分自身の授業を振り返ることで、自分を俯瞰することができます。

　さらに、この授業の振り返りは校内のPCに保存され、自分以外の授業者についても見ることができるようになっています。授業準備にどのようなことをしたのか、生徒の反応はどうだったのか等、参観の機会が限られる道徳科の授業についてじっくり学ぶことができます。これらの振り返りを土台として「道徳教育推進会議」を行うため、全員の先生方の実態をつかむことができ、本当の意味で学校全体の研修となります。

■バディーと一緒に道徳科の授業を振り返ろう

　授業者だけが道徳科の授業を振り返ることを続けても、改善するという意味では物足りません。そこで、授業者を見守るバディー（ここでは参観・助言者の意）を設けることで、より深い研修へと発展させました。

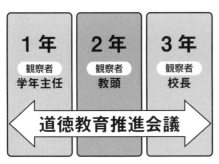

図1　道徳科授業バディー体系

　それぞれの学年にバディーを配置し、週に一度の道徳科の授業実践を参観してもらいます。各先生方の授業について振り返り、「生きた研修」として助言まですることを一つのサイクルとしています。校長や教頭、学年主任の振り返りと、授業者本人の振り返りを比較することだけでも大きな学びとなります。参観者からの助言により、若手教師は目を見張るように、授業改善がなされていきました。

■「道徳教育推進会議」を核として授業改善を図る

　授業改善を図るため、「道徳教育推進会議」での話し合いやそれぞれの道徳科授業の振り返りは重要なポイントになります。ただ会議を進めるのではなく、年間を通じて図2のようなループをくり返すことで道徳教育推進会議が全体研修の核となる所以になるでしょう。このループを

学校組織全体で循環させることが年間を通じた研修として機能しています。ただ道徳教育推進会議を立ち上げるのではなく、会議に至るまでの個人の振り返りや助言者の視点の共有が鍵となります。

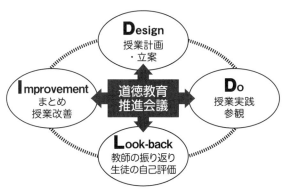

図2　道徳科マネジメントループ

　個人では続けることが難しかったり、一元的な反省に終始してしまったりすることでも、学校全体として共通の課題について解決を図ることで、思いもよらないアイデアが浮かぶことがあるのです。

■OJTを生かした研修にはどんなメリットがある？

　道徳科の授業改善を目指している「道徳教育推進会議」を核とした全体研修は、校長や教頭に研修に参加してもらうことに難しさを感じている人もいるかもしれませんが、他にもたくさんのメリットが発見されました。実際の授業を参観することによって、学級経営の実態や生徒指導上の問題、生徒同士の人間関係や特別な支援を要する生徒の授業の様子など、これまでに具体的に見ることができなかった実態を把握することができます。道徳科の授業展開への助言と共に、生徒指導上でのアドバイスや保護者との連携ポイントなど、多様な改善を図ることもできます。単発の研修では成しえなかった学校全体としての成長を実現するためにも、学校組織全体で学ぶ、この道徳教育推進会議を核としたOJT研修に挑戦してみてはいかがでしょうか。自然と積極的に参加する研修へと導かれていくことでしょう。

（山本理恵）

学校力UPにつなげる研修と推進体制

■組織としての推進体制

　道徳教育に学校が組織として取り組めば、大きな推進力を生み出し、生徒が変わり、先生が変わります。そのような学校には、「道徳教育としての目的の共有」、「道徳教育推進教師を中心とした役割の分担」、「各々の立場での責任の自覚」が共通しているように感じます。そして、全教師が参画して推進体制を具現化・実働化し、その過程を通じて学校力UPにつなげているのです。実際には、多様な推進体制の事例がみられますが、ここでは主な特徴をいくつか紹介します。

① 学校全体の道徳教育を推進するためのプロジェクトチームや道徳教育推進会議等を中核に位置づけた体制

② 道徳教育推進上の課題にあわせて複数の○○部会（例：授業づくり部会、環境・連携部会、道徳教材部会など）を位置づけた体制

③ 全体会、道徳教育推進会議のもとに各学年団部会を位置づけ推進する体制、その学年団部会と②の○○部会をクロスさせて位置づけ、各自が両方に所属し推進する体制

④ 校務分掌を関連するいくつかのグループに分けて、そのグループを基本として全体会での情報共有を重視する体制

　上記以外に、家庭・地域との連携を重視して、定期的に地域の方と協議する部会を設置している事例もあります。何を重視するかを明らかにし、各体制の役割分担を明確にすることが大切です。

■30分の時短研修

　体制づくりが整えば、道徳教育に関わる校内研修の活性化が期待できます。文部科学省の実施状況調査（令和３年度実施）からは、課題とし

て校内研修の時間確保が難しく、実践につなげる共通理解や話し合いが十分とはいえない現状が垣間見えます。

道徳教育の一層の充実を願えば、道徳科の授業研究や討議会、推進体制の各部会での協議等を定期的に開催することが理想ですが、ここでは学校の現実的な状況も鑑みて、30分程度の短時間研修の内容や進め方について紹介します。道徳教育推進教師は、管理職や学年団主任と連携しながらファシリテーターとしての役割を意識して、場の設定を工夫しましょう。

（1）学校教育目標や育てたい生徒像より

学校には学校教育目標、育てたい（目指す）生徒像や校訓があります。それらが教育活動でどのように具現化されているのかを生徒の姿を思い浮かべて検討する機会をもちたいものです。例えば、道徳教育推進教師は学習指導要領や全体計画の重要な点の説明を短時間で行い、各学年団や各部会で協議する時間を設けてみましょう。15分程度でよいので、学期始めや節目となる機会に何度か設けると、道徳教育への意識が高まるでしょう。一人一人の教職員が、自校の道徳教育の重点や特色について語れることは、情報発信や説明責任にもつながります。

（2）目指す授業像と課題から……30分研修

全体での授業研究や討議ができなくても、30分研修のような演習で道徳科の授業改善や充実への啓発に取り組むこともできます。「授業改善への一歩」など、演習タイトルをつけるとよいでしょう。

手順として、3・4名でグループを形成し、一人2分以内で、①目指す授業像、②自らの授業の課題、③そのために何を大切にして授業づくりに臨むのか、の3点を意識して語り合う場を設定します。聞き手は、気づきをコメントします。ファシリテーターは、時間配分（説明2分、演習25分、振り返り3分）や具体的な指示を黒板やボードに掲示しましょう。

可能であれば事後に、各自の課題とそのために大切にする点について、学年団部会を通じて道徳教育推進教師が集約します。全体の意識やニーズを把握でき、次の研修内容へのヒントが見つかるでしょう。

（3）板書写真で振り返り交流……30分研修

　授業づくりに効果的な演習を紹介します。実際にいくつかの研修でも取り入れてきました。手順や主な指示内容は以下の通りです。

　まず、グループで各自が用意した道徳科の板書写真（ICTも活用可）を見せて、自らの道徳科の授業を2分程度で伝えるよう指示します。内容は、①学年・教材名と内容項目、②授業の山場の発問と生徒の反応、③工夫や特に意識したこと、④想定外の発言や予定した流れと実際の違いの4点です。その際、ファシリテーターは交流の時間を明示すること、交代で行うこと、聞き手に感想や質問を自由に発言することを指示します。

　自らの悩みや不安に対して、他教員からのコメントやアドバイスは新たな授業改善への気づきにつながります。うまくいったかどうかや予定通り展開できたかどうかにこだわりすぎないようにしましょう。振り返りでは、再度、同じ教材での授業がある場合のために、「ここをこう改善したい」といった具体的なイメージがもてる機会としたいものです。

　その後、道徳教育推進教師や管理職から、「日々の道徳科の授業後、放課後など短時間でよいので、自らの授業を見つめ直しモニタリングしてみよう。欲張らず、一つだけ改善点を意識しよう。子どもたちのためにも……」と、各授業者が自ら心のスイッチをONにできるような声かけを行うとより効果的です。

（4）自校の状況にあった研修内容の企画

　前述のような演習を取り入れた研修も多様に考えられますが、教員が主体的に取り組み、学校力UPにつなげるためには、内容が自校の状況や実態に応じているかという点が肝要です。その点から、道徳教育推進教師が研修主任や教務主任と、自校の道徳教育の状況をイメージしながら校内研修の企画・実施を具体的に検討することも考えられます。

　下記は、手順例ですのでアレンジして取り組んでみましょう。

①自校の道徳教育の状況等を踏まえて、短時間の研修でできそうな内容を、目的（何のために）を踏まえながら思い浮かべてメモします。

内容の例としては、今年度の重点や管理職がくり返し話している内容、取り組むはずだが十分にできていないことに関する内容、生徒の現実の姿で何とかしたいと感じている内容などが考えられます。

②研修で目指すゴールを描きます。その際に、「研修後に、○○がこまでできていれば」と目指す姿を具体的に描くことが大切です。

③研修内容や手順を分かりやすく書いてみましょう。事前に準備できることは何か、参加者が持参すべきもの等を具体的に検討します。また、2年計画での取り組みや方法等についてアイデア募集も考えられます。

（5）全員が参集せずともできることをできる範囲で実施

全教員が集まれなくても実施できる研修事例を紹介します。自校の状況に応じてICTの活用も含めて検討しましょう。

①学年団部会の定期的な活用：道徳教育推進教師は職員会議で全体周知を行い、作業や検討事項は毎月（毎週）の学年団部会を活用して実施、事後に道徳共有フォルダーに保存した概要を報告します。

②学年団ごとの回覧方式で情報を共有：伝えたい情報、共有したい内容を学年ごとに「道徳だより」として回覧します。ICT活用の事例もありますが、紙媒体の方が簡単で読みやすい場合もあります。

③道徳教育推進会議の活用：管理職、研修主任、道徳教育推進教師、学年団主任等で定期的に集まり、道徳科の実施状況や課題、情報共有を行います。時間割に位置づけて実施している学校も見られます。ある学校では、推進会議のメンバーが分かれて各学年の道徳科の授業を参観し、次の会議で情報共有して内容等を学年団につないでいます。

それ以外にも、個人で学べる図書コーナーや道徳教育関係のオンデマンドコンテンツの紹介を情報教育担当と協力して整備する等、学べる環境の工夫や職員会議での定期的な情報共有を管理職等と連携して実施する学校も散見されます。どのような工夫であっても、管理職が道徳教育推進教師をフォローする協力体制が構築されていることが基盤です。

（植田和也）

「ローテーション道徳」のすすめ

■授業力向上の機会

　「ローテーション道徳」とは、学年団の教員を中心に計画的にローテーションを組み、交代でT1となって道徳科の授業を実施する組織的な方法です。基本的には、複数教員によるティーム・ティーチング（以下、TT）で実施します。また、同じ教員が同一教材での授業を行うので、授業の反省を生かして他学級で授業の再構築ができ、結果的に授業力向上の機会となります。

　これまでの道徳科の授業は、長年学級担任が行うものとされてきました。それを、校長のリーダーシップの下、学級担任任せでなく全校体制で「ローテーション道徳」を実施することで、確実に成果を挙げている学校が増えつつあります。

■校内研修としてのローテーションTT道徳

　教師が道徳の授業を自信をもって楽しく充実して行えることが肝要です。しかし、苦手意識を感じ、教師自身が楽しいと感じられない授業は、苦痛です。その場合、35時間実施しても子どもたちにとって「学びがいのある授業」とはなりにくく「道徳性を養う」ことは難しいのではないでしょうか。ローテーション道徳の主たる目的は、教師の学び合いにあります。

　ローテーションTT道徳授業は、学年の教員全員が複数人で道徳科の授業を実施します。複数人で授業を多面的に見ることができるた

め、担任だけでは気づけなかった授業の改善点や生徒のよさに目を向けることができます。つまり、毎回の授業が研修の機会となり、授業力を高められるのです。基本的には、担任はT1・T2などで自学級に必ず関わることができるようにして実施します。

■「プロジェクトチーム」の設置

ローテーションTT道徳を推進するためには、授業の進捗状況、教師の困り感などを解決していく要となる組織が必要です。そこで、教師集団が一つになって、道徳教育を推進するため「プロジェクトチーム」を設置しました。この組織は、校長の方針の下、道徳教育推進教師が中心となり研修主任、各学年の道徳担当教師などが、道徳の授業のPDCAを行います。週1回時間割に位置づけ実施します（例：火曜日の4校時）。全教師の困り感をボトムアップで把握し、シンクタンクとなって、解決方法を提示します。

プロジェクトの主な内容としては、●道徳授業のPDCAの実施●授業の進捗状況の確認●発問の研究（問い返し等）●自作教材の検討●評価方法の検討●話し合い活動●家庭・地域との連携などです。

■ローテーションTT道徳のメリットを解説書に照らして

ローテーションTT道徳を『学習指導要領解説』〈以下、解説〉の「指導体制の充実と道徳科（P. 87）」と「評価のための具体的な工夫（P.114）」に照らし、その有用性と効果について、検証してみます。
①カリキュラム・マネジメントの効果（確実な計画的授業実施）
ローテーションTTで行うため、年間指導計画に基づき育てたい子どもの姿や誰がどの授業を担当するかなどを考えて実施します。また、複

数教員で関わっているため、指導の目標や計画、指導方法の改善・充実に取り組めます。

「教師の感想」として、「全体計画や年間指導計画を共通理解の下、推進できました。」「複数教員で授業を割り振り、計画的に確実に授業実施できます。」など着実な実施ができるという意見が多くありました。

> 解説に照らし合わせると、「学校としての道徳科の指導方針が具体化され〈中略〉毎時間の指導は、〈中略〉計画的, 発展的に行われるものであることを, 全教師が考慮しながら進めることができる」。

②同僚性の構築（教師の学び合い）

教師同士が自覚をもちそれぞれのよさを尊重し合いながら連携・協力して道徳授業を展開します。具体的には、主発問、授業展開、話し合い活動、TTの役割などを相談して授業を実施します。反省を元に次の学級の授業を実施します。苦手な教師も一緒に授業をすることで、実践的な授業力を身につけ、生きた研修の場となります。T2が、「教材の範読」「板書」「話し合いの補佐」「生徒の観察」「役割演技」「T1と一緒に評価」などを行います。そのためT1は子どもから目をそらさず、話し合い時間も長く確保して授業が実施できます。

「教師の感想」として、「道徳授業が苦手で指導方法が分からない状態でしたが、他の先生にアドバイスを得ながら授業を実施できました。」「修正を加えて、他のクラスでも授業実施できます。」「他の先生に見られるのは、はじめはプレッシャーでしたが、気にならなくなり、自分自身や生徒のためになります。」など、複数での学び合いながらの授業実施により、着実に教師が成長しているという意見が多くありました。

> 解説に照らし合わせると、「授業を担当する全教師が, 生徒の実態や授業の進め方などに問題意識をもつことができることである。その中で教師相互の学習指導過程や指導方法等の学び合いが促さ

> れ，道徳科の特質の理解の深まりや授業の質の向上につながる」。

③教師と生徒の学ぶ意欲の向上

　各学級の子どもたちの学びの姿から、内面の様子が分かり、授業だけでなくさまざまな場面で子どもに関わりやすくなりました。生徒の感想としては、「先生方に自分たちのクラスの様子を知ってもらえます。」「先生によって授業の仕方が違い、飽きないです。楽しいです。」などほとんどの子どもたちが、TTでのローテーション道徳授業を支持するようになりました。

> 　解説に照らし合わせると、「学校の全ての教職員が各学級や一人一人の生徒に関心をもち，学校全体で生徒の道徳性を養おうとする意識をもつようになることである。道徳科の指導の充実が，学校全体で進める道徳教育を一層充実させる力となる」。

④学校が一つに（プロジェクトチームを核として）

　全教師が道徳に参画意識をもつようになるため、教材教具の準備、家庭への啓発などさまざまな点でまとまりを実感することが多いと感じます。

　教師の感想としては、「教材を学年団の先生方で意見を出し合い工夫して作成することができました。」「保護者啓発や道徳アンケートなど効果的に行えました。」など、プロジェクトを核に、一つになって環境整備、家庭地域との連携した取り組みなどを行えているといった意見が多数ありました。

> 　解説に照らし合わせると、「道徳科の推進に関わる教材や協力を依頼する保護者，地域等の人材情報が学校として組織的に集約され，それらを活用してねらいに即した効果的な授業が一層計画的に実施されることにつながる」。

（坂井親治）

「リレー道徳」のすすめ

■教材研究や分析が、十分できない

　「教材研究や分析ができない」、「授業を構想する時間もない」という現場の悩みについて、ここでは、PDCAサイクルを日常的に回していくことを、ご紹介したいと思います。

　中学校の場合、一回授業で教材を使うと、その教材を次に使うのが学年進行をすれば、基本的には3年後になります。ある授業を実施して、こうしておけばよかったと思っても、その授業をより改善するとしたら、3年後になるのかもしれないのです。

　そのまま生徒とともに学年が上がるとは決まってはいませんが、通常は3年後になってしまう。そうならない方法として、さまざまなことが今日も行われているわけです。ローテーション道徳などもそういったことを考えて実施している学校もあるかもしれません。

■授業PLANをどうつくるか

　ある道徳の授業を構想する。学習指導計画をつくる。「PLAN」ですね。そして実施する。授業はやりっぱなしではだめですから、その後、「やっぱりこの発問よりもこっちの発問のほうがよかった」「こんな反応があったのだけれど、もう少し生かすことができたな」「もう少し時間配分をこうしておけばよかったな」等々と気がつくものです。しかしながら、次にこの教材で授業するのは3年後。そうではなくて、短期間にしかも日常的にこういうPDCAサイクルが回せる方法はないだろうか。これがいわゆる「リレー道徳」といわれるものです。

■授業の改善・工夫のアイデアを短期間に受け継ぐ実践法

　学年に２クラス以上あるとすれば、通常は一定の日時に、同時進行である教材を使って授業をします。一般的に、年間指導計画を作成する場合、行事や他の教科との関係、季節や祝日、地域の行事などを考えながら、その教材が最も生きる時期で設定をします。

　もしも、同じ日時にその教材が全クラスでいっせいに使われなくても、それほど支障がないということであれば、その教材での授業日時をクラスごとにずらすことも可能になります。（図１）

　では、どんなことができるでしょうか。

　例えば、Ａというクラスで、ある教材を使い授業を展開してみました。いろいろなことが分かります。「こんな風にすればよかった」「こんな発言が出るのだな」「発言からこんな問いを発したらうまくいくかもしれない」など。

　あるクラスでの授業の様子は、通常、板書に表現されるものです。板書にはこんな学習が行われたんだ、こんな意見がこの問いに対しては出たんだ、という学びの軌跡が描かれています。授業後にスマホで撮影しておき、職員室でプリントアウトし、連絡用のホワイトボードなどに貼る。その板書写真の下に先生がメモを書きます。（次ページ図２）

図１　リレー道徳

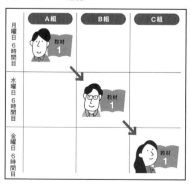

　「中心発問をしたらこんな意見が出て～」などいろいろと先生がメモで書いているのですね。事例のようにこんなに多くなくてもよいのです。「この発問はだめ」等々、まさにメモ程度でよいのです。多くの場合、指導書には「補助発問」も示されています。そちらの発問のほうがより深く皆で考えられる。あるいは、多様な意見が出そうだとい

ったことが分かれば、「中心発問をそちらにしたほうがよい」のです。

あるいは、この発問に対して、こんな意見が出てきた。この意見に対して「問い返し・切り返し」で、「こんな問いを発すると、こういうようにさらに深まった」というのが分かります。こうしたことがメモしてあるのです。

図2　リレー道徳／撮影した板書写真の下に先生がメモを書く

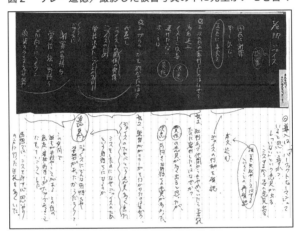

■職員室でのゲリラ的研修

授業の時間がずれているので、先に実施された授業の結果を参考に、改善・工夫する箇所の意識をもって、次の先生が自分のクラスで授業をすることができます。そして、またその板書を写真で撮って、その下にメモを書く。（図3）

こうして二つの授業でさらに改善されたものをしっかり意識して、さらに次の先生が授業に臨むのです。これがずっと展開されていく。板書にせよ、メモをする以外は通常やってきていることです。絶対やらなければならないわけです。しかも普通だったら、ある授業を皆で見合って、その後に研究協議会等で改善されたものを皆で共有して生かすということになります。しかし、「リレー道徳」では板書とメモが職員室に貼っ

てあるだけなのです。フォーマルな研修も大切ですが、これはインフォーマルな研修事例です。授業の板書記録を見ている中で、尋ねたいことがあれば、授業者がすぐそばにいるわけですから聞いたら分かるでしょう。そのようなことをしながらインフォーマルな研修、私はゲリラ的研修と言っていますが、こんなことが職員室の中で常時できるような環境が整うのです。

図3　リレー道徳／授業内容、改善点などを共有する

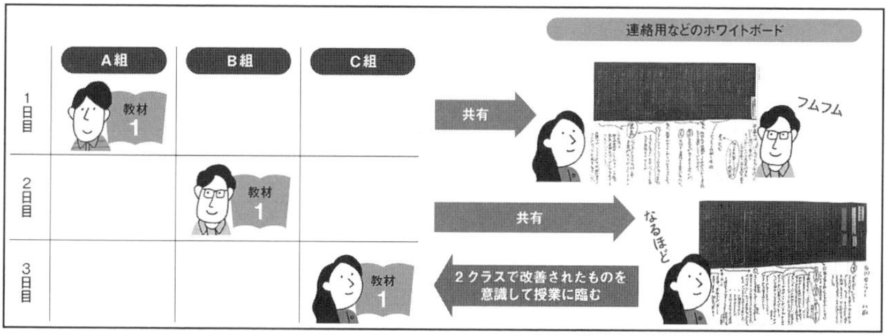

■授業での改善・工夫が次の学年にも引き継がれる

　この記録ノートには、それぞれの担任による授業板書が、貴重なメモと共にパッキングされています。全部の授業ではなく、年間のいくつかの教材について実施されています。それぞれの学校における重点項目の教材、中には、地域の小中学校共通の重点項目の各教材が取り上げられています。そういった教材の効果的な活用による授業改善への実践研究の成果が、次の学年にしっかりと受け継がれ、引き継がれていくのです。

　先の学年でのPDCAサイクルによる改善・工夫が加えられた授業モデルが、次の学年でのスタートになります。すなわち、この授業改善へのPDCAサイクルが、らせん状にずっとくり返されていくことになるのです。これが、「リレー道徳」です。

　取り組まれた学校からは、さまざまな理由から「よかった」という声が届いています。実践を考えてみられてはいかがでしょうか。（柴原弘志）

第 **5** 章

管理職や
道徳教育推進教師への
期待

道徳教育は人格形成の根幹に関わるものだからこそ
学校経営と密接に関わってきます。
管理職や道徳教育推進教師の経験者が、
道徳教育推進のためのポイントをお伝えします。

チームとして取り組む 道徳教育のPDCA

■道徳教育推進チームと情報公開

　管理職は、道徳教育推進教師（以下、推進教師）が積極的に道徳教育の推進が図れるよう組織を作る必要があります。大切なことは、推進教師を一人にしないことです。管理職と推進教師の関係は右図のように考えられます。推進教師は管理職に対して

チームで道徳教育の企画・提案をし、管理職は推進チームに対して管理・指導を行い、推進教師をリーダーとしてチームで道徳教育を進めます。

　推進チームの結成により役割分担や話し合いなどが円滑に行えます。メンバーは、学年団から一人ずつと養護教諭、教頭等を入れることが望まれます。広く意見が聞け、常に管理職の指導を受けられるからです。

　道徳教育が全教育活動を通して生徒の道徳性を養うことから、校長の関わりは深く、責任は重くなります。校長は、学校教育目標によって方針を示し、教育課程の一つの領域として道徳教育に関わる内容を明らかにする必要があります。そのことを学校だよりなどで地域や保護者に発信することで、学校の取り組みを広く知らせることができます。

　また、学校運営委員会等で学校の道徳教育の方向性を示して協力を得たり、道徳教育の体験の場として地域行事の参加について検討したりすることもできます。「よりよい学校教育を通してよりよい社会を創る」ことの実践です。その指導の下、推進教師は教職員や生徒に学校が行う道徳教育について説明をしたり、推進内容について共通理解を深めたりします。具体的には、道徳授業の事例紹介、道徳の教具紹介（心情円盤、心の物差し等）、管理職も含めたティーム・ティーチングの日程調整、

学年だよりなどへの道徳授業の実践事例掲載、道徳的視点から見た学校エピソードの紹介、学校や地域の掲示板を使った道徳教育の実践紹介など、これらを進めていくことで道徳の日常化が図られていきます。

■道徳教育のPDCA（計画、研修と評価）

　道徳教育を推進していくために生徒の実態調査を行う必要があります。計画を立てるうえで生徒の実態分析は土台となります。次に道徳教育の計画作りです。道徳教育全体計画、年間指導計画、展開の大要、道徳教育研修計画、地域連携計画等たくさんあります。これらを推進チームで分担しながら進めていきます。例えば、全体計画や研修計画、評価と改善計画は推進教師が立て、推進チームで話し合います。それを受けて年間指導計画、展開の大要、他領域との関連については学年団で推進チームの一員を中心に作成します。計画は作成過程で管理職の指導・助言を受けます。次に教育課程に表れない潜在的カリキュラムがあります。これは学校の雰囲気や伝統に基づく風土のようなものです。生徒と学校職員との関係性など日常の当たり前と深く結びついています。当たり前を掘り起こし、推進チームで提案してよりよい学校にしていきます。

　研修で道徳の時間を取り上げます。一部の教員が授業を行うのではなく、全教員が授業実践に取り組むことが重要です。学年団で練り上げた指導案で授業を見せ、その実践を学年団の他の教員が自分のクラスで行います。生徒が意欲的に授業に取り組めば、教員も意欲的になります。このような成功体験を重ねていくことで、みんなの道徳授業にしていきます。さらに成果を共有し授業評価によって内容を工夫していくことで、生徒が喜んで学び、教員が楽しんで授業を行うようになります。すると、生徒の自己評価も変わっていくよい循環が生まれます。リレー道徳やローテーション道徳など、共に歩んでいく道徳の研修方法も提案されています。その基本となることは、「一人の百歩よりみんなの一歩」です。

（日下哲也）

つながり響き合う動きのある
組織づくり

■校長の方針の下に展開

　『中学校学習指導要領解説』では、よりよい学校教育を通してよりよい社会を創るという理念のもと、社会に開かれた教育課程の実現が中心に据えられています。さらに「教育課程に基づき組織的かつ計画的に各学校の教育活動の質の向上を図っていくことに努める」として、いわゆるカリキュラムマネジメントの推進が強調されています。特に、道徳教育については、「校長の方針の下に，道徳教育の推進を主に担当する教師（道徳教育推進教師）を中心に，全教師が協力して道徳教育を展開すること。」と示されています。

　校長のリーダーシップの下、道徳教育の大切さや組織的な取り組みの必要性を明確に示し道徳教育目標の実現に向けた協力体制が不可欠です。さらに家庭や地域との連携も目標や方針を共有できるよう計画段階から参画してもらい当事者意識を高める取り組みが求められています。

■校長に求められるリーダーシップと組織づくり

　校長に求められるリーダーシップは、全教職員に対して、道徳教育に関する意義や重要性への認識を高めるとともに、学校としての方向性や見通し、期待できる教育的効果を示し全教職員の参画意識のもと指導体制や研修などの推進体制を構築することが大切です。つまり、学校全体で取り組む方向性の見える化による全教職員の理解を高めることで、組織に自主的・自律的な動きをつくることができるのです。

　一方、道徳教育の指導体制や研修（研究）体制については、組織図での明示が多くみられます。しかし、組織が十分に機能せず、成果が見えないこともあります。さまざまな原因が考えられますが、部会の活動が

単なる職務の軽減化のための分担や、単なる全員参加をうたい文句にしたものとなることで、形骸化した組織になっていないか危惧されます。

　そもそも、組織は単なる個の集合体ではなく個人の力の総和以上の力を発揮する能力をもっている点に着目したいものです。道徳教育の推進体制の場合、一つの部会においては、個の特性が発揮され、協働することで力を発揮することができますが、部会単位の成果として終わるのでなく、それぞれの部会が互いに成果を生かし合うことで、組織として力が一層発揮されるのです。大切なことは指導体制や研修（研究）体制を動かすしかけをつくることであり、そのために必要となる組織の工夫・改善や道徳教育推進教師のコーディネートする力を高める環境整備が必要で、まさに校長のリーダーシップの発揮が期待されるところです。

■各部会がつながり響き合う

　各学校の指導体制や研修（研究）体制は道徳教育全体計画に基づき組織されています。例えば道徳授業研究部、各教科等研究部、道徳的実践・体験研究部、家庭・地域連携研究部のような部会が組織の中に位置づけられています。重視したい点は、各部会で研究が深まり充実した道徳教育が展開されるよう、道徳教育推進教師が、互いの研究がつながり、助け合い、深め合う組織となるようにコーディネートすることです。

　例えば、各教科等研究部の取り組みが授業で生かされることで子どもたちの道徳的体験が充実したり、家庭・地域連携研究部の道徳通信に道徳授業での生徒の輝きを掲載・発信したりすることもできます。さらに地域の専門家をゲストティーチャーで招き道徳授業の質向上を図ることも可能です。このように、道徳授業研究部と家庭・地域連携研究部が知恵を出し合い実践や研究を深めることが多様に考えられます。各部会の成果が相互でつながり響き合うことで動きのある道徳教育の展開が期待できます。校長がリーダーシップを発揮するための重要な視点です。

（田邊重任）

学校経営の視点から
部活の活性化まで

■組織的に動く

　中学校において、「道徳教育推進」に取り組んだ事例をご紹介します。
①道徳教育を基盤とした学校経営を提示する。

　道徳教育は、すべての教育活動の基盤と考えます。道徳科の授業を中心
に子どもの道徳性を育み豊かな心の育成を図ることは、学力・生徒指導・
部活動・人権教育などの教育活動の推進につながります。この考えの基「グ
ランドデザイン」や「道徳教育推進構想図」「全体計画」などで、教師・生
徒・保護者に方針を提示し、道徳教育を基盤とする学校経営を実施しました。
②道徳プロジェクトチームの設置をする。

　「道徳プロジェクトチーム」は、校長の方針の下、道徳教育推進教師が
中心となり研修主任や各学年の道徳担当教師が、「道徳教育」を推進する
中核的組織です。毎週１回、ローテーション道徳授業の進捗状況や教師
の困り感などをPDCAサイクルで検証し、シンクタンクとして提案します。
重要な課題となったのは、「対話的な学び」です。そのことについて検討
を重ね、道徳の授業だけでなく全授業において「考え話したくなる発問の
工夫」「よりよい聴き方、話し方の学習方法の実施」「主体的学びを引き出
す（青・ピンク）意思表示カードの活用」など全校体制で取り組みました。
この組織を中心に教師が一体となって取り組み成果を挙げていきました。
③ローテーション道徳を実施する。（研修として実施）

　複数教師による授業実施は授業数の確保は元より、教師の授業力向上に
つながります。共に授業に参画し、授業の進め方や主発問などを検討します。
評価も多面的・多角的に行われます。切磋琢磨して研鑽を積むことで、授
業に躊躇していた教師が、見違えるような授業を実施できるようになりま
した。何より、生徒が「学びがいのある楽しい授業」であることが、教師

の喜びにつながります。教師の「同僚性」も育ち、すべての教育活動の好循環につながります。この取り組みは、校長のリーダーシップが重要です。

■部活道徳のすすめ

　部活動ごとに「道徳的価値」を定め、道徳的実践を行います。新チーム発足の９月に顧問と生徒が「自分たちの部に、気持ちや内面的な部分で足りないところや必要なところ」について話し合い、目標達成のためのテーマを決め、部内一丸となって取り組むことを提案します。実のところ、顧問の先生は道徳科の授業は苦手ですが部活動は熱心という実体を感じていました。そこで、自分の好きな教育活動において、少しでも「道徳のすばらしさ・子どもの変容を実感してほしい」と考えたのが、部活道徳を設定した発端です。部活動の中に道徳を取り入れることで、生徒たちも変わることは予想できていたので、一石二鳥になるのではないかと思っていました。

　こうして、「礼儀」「感謝」「強い意志」など道徳的価値を具現化し心の中を意識し行動することで、部活動が活性化され、個々のよさを発揮し、より充実した活動になりました。自己肯定感も高まり大会などの成果も生徒が満足のいくものとなっていきました。例えば、野球部の生徒が「感謝」をテーマに定め、「仲間、練習場所、練習時間、バット、ボール、試合相手、家族など」多くの人やものに世話になり、かけがえのない存在であることに改めて気づきます。感謝を具現化するべく、「受け身から能動的な行動」に変わっていくことで、日々の練習や試合に取り組む気持ちが変わりました。

　また、ソフトテニス部においても「強い意志・勇気」をテーマに定め、日々練習に取り組んだ結果、野球部と共に全国大会出場という成果が生まれました。どの部もそれぞれのテーマを心の糧として活動し、自分が納得できる大きな成果を挙げることができました。また教師自身も実践の中から「部活道徳」の成果を感じ、道徳授業にも積極的になっていきました。（坂井親治）

すべては４月１日の職員会議

■４月１日にすべてがかかっている

　学校も組織が大きくなると、なかなか新しいことを始めたり、変えたりしていくことは、難しいものです。このことは道徳教育推進教師だった頃、日々痛感していました。他の教員からよく言われたのが、「もっと先に言ってくれていれば。」「組織として動かないと一人相撲になってしまうよ。」といったことです。そこで気がついたことは、年度初めの４月１日の職員会議で方針を提案し可決できれば、学校は動くということでした。一つ目のポイントとして、まず時間割のどこに道徳科の時間を設定するかです。二つ目は「ローテーション道徳」を行うことです。その場合、副担任や学年主任等も道徳科の時間にローテーションで組み込んでおく必要があるので、他の教科の授業のコマ数にも影響が出ます。つまり、「時間割」と「担当時数」に１年間の道徳の命運がかかっています。「４月１日にすべてをかける」そんな気持ちで取り組みたいものです。

■道徳科は学年裁量の時間ではない

　私が校長をしていた、ある年の９月。各学年に道徳科の授業がどれくらい進んでいるかを聞いたところ、なんとほとんど進めていないことが分かりました。臨時主任会を開き学年主任に聞くと、体育祭や文化祭、テスト対策や人権学習でやるべきことが多すぎて、道徳科の時間を確保することができなかったというのです。よくよく聞いてみると、「学年の計画を立てるときに、道徳・学活・総合は学年裁量の時間だと思っていました。」と申し訳なさそうに話してくれました。そこで、「道徳科は学年裁量ではなく、国語や数学と同じ教科として授業時数を確保しないと、法令違反になります。」と伝え、それ以降は時間確保ができるよう

になりました。教育課程を管理する校長の役目だと痛感した出来事です。

■ローテーション道徳で授業力UP

　以前、こんな声を聞きました。副担任から「私は道徳が好きですが、副担任が多いので、ほとんど授業をしたことがないんです。」、担任からは、「道徳の教材研究が負担です。」、これでは授業力は上がりません。

　本校では、年度当初、道徳教育推進教師が学校長の方針としてローテーション道徳に全学年が取り組むことを伝え、副担任も学年主任も道徳科の授業を担当することになっています。学年それぞれ５学級（通常学級）なので、「一粒で五度おいしい」教材研究です。授業者からは、「さすがに５回、同じ教材で授業をするとうまくなっている気がします。」「教材研究が少なくてすむので、一つの教材を深く勉強できます。」「多角的な生徒理解につながります。」といった声を聞いています。生徒からは、「先生が毎回替わって面白い。」「新鮮な気持ちになる。」といった声を聞き、学校全体で組織的に道徳教育に取り組むことができています。

■校長の全学級道徳授業巡り

　毎年、全学級と適応指導教室を対象に校長が「道徳授業巡り」を行っています。最初に学級全員の名前を呼名し、道徳の三つの約束を話し、範読、発問と、ICTも活用せずオーソドックスな授業をすることを楽しみにしています。生徒からは意外にも「校長先生がしっかりと意見を聴いてくれたのがうれしかった。」という感想が多いです。

　この「聴く」ということの大切さは、O. F. ボルノーの『問いへの教育』の中にも書かれていますが、道徳科の授業で最も重要なことであろうと実感しています。そして、この「聴く」教師の姿勢こそが、生徒との信頼関係を築き、学級や学校が「安心できる基地」となり、未知なる世界にも挑戦できる基盤となるのです。

（西山伸二）

Seize the fortune by the forelock.

■チャンス到来

　表題の言葉を、学生時代に朝礼等で聞いたことがある人も多いのではないでしょうか。「道徳教育推進教師（以下、推進教師）として具体的に何をしたらいいか？」「コーディネーターやアドバイザーという役割に自信がないのですが。」という質問を毎年受けます。だからこそ、推進教師に任命された機会に気づき、機会をとらえ、機会を生かすときが到来したといえるでしょう。"チャンスの女神には前髪しかない"。

■自己を見つめてみる―全体計画の見直しと指導の重点化

　授業の成果が、すぐに生徒の行為の変容をもたらすと考えている教師はいません。もし結果を求めているとしたら、それは道徳科の授業ではありません。生徒が自身の生活を見つめながら他者と議論することで、自己を振り返ったり、自らの成長を実感したりしながら課題や目標を見つけ、その結果を日常生活の行動や習慣に結びつけるまでどれくらいの時間がかかると考えていますか。道徳教育はいつも進行中なのです。そして、前文の「生徒」は推進教師であり管理職でもあります。

　つまり、推進教師になることは、一度立ち止まって学校（学年・学級）組織や人材（生徒）育成を自分はどうすべきか、自分に何ができるかを判断し、実行する手立てを考える機会です。

■広い視野から多面的・多角的に考えてみる―指導法等の工夫

　推進教師は道徳科の授業を魅力的なものとして効果を上げるため、校長の方針の下に全教師と協力しながら取り組みを進めていくことが大切です。しかし、推進教師の任命は、教務や生徒指導等の主任と異なり、

今後を期待して比較的若い教員とするか、保護者・地域とのつながりも加味しベテランの教員にするかは校長の責任でもあります。校長は任命した推進教師に対し、研究会等を紹介しながら、広く研修の場を用意することは忘れてはいけません。

■道徳と向き合う―「共有」の場から組織的な見通しを

　答えや成果を求める授業が多い中で、答えが一つではない（答えがない）ものが道徳科の授業です。生徒がじっくり考え沈黙している時間をなぜか不安に感じることがあるのも道徳科の授業です。

　現実の諸問題に対応できる資質・能力を育むために、「あなたならどうするか」を真正面から問うても、本心を語ることができない生徒はいます。活発な議論が交わされたから成功ではなく、失敗と感じるときがあるのも道徳科の授業です。だからこそ目に見える形としての指導案や1年間の成果と課題、生徒や教員の反応（アンケート等）をまとめ、そして次年度への展望を残して、共有していくことが求められます。道徳と向き合いながら、組織として見通しを描いて実践する際に、下記のような具体的な実践を通して「共有」の場を意識していきたいものです。

・先生向けの情報発信としての"道徳通信"を発行する。
・教材や掲示物等の整理・保存の工夫と道徳コーナーなどを共有する。
・ローテーション授業を年間計画に位置づける。
・与えられた研修会だけではなく、勧められた研究会や勉強会等に参加する。※情報収集の機会となる。
・校長と話し合い、校長にも大いに授業に参加・協力してもらう。

　"道徳は厄介なもの"、"推進教師は負担"でしょうか？　道徳は数値的・物質的な成果に依らず、生徒の本音や心と会話できる最高のツールです。決して難しく考えるのではなく、"生徒たちの成長と共に教師の心も成長することができる"機会"ととらえ、推進教師としての仕事を楽しんでほしいと期待しています。　　　　　　　　　　　　　　（川崎達也）

「学校経営」は「学級経営」の
延長線上にある

■「管理職」の職責、「教師」の職責

　学校管理職の職責について考えたいと思います。同時に「教師」の職責を確認しておくことも大切でしょう。なぜなら、学校がさまざまな局面で組織体としてその機能を十分に発揮していくために必要なことであると思うからです。まず「教師」の大切な職責の一つは、目の前の子どもたちの特徴を見極めて、それを大切にしながら育て育むことです。管理職は学校の日常が滞りなく充実したものとなるように人的、物的環境を整えるということが職責の一つです。管理職も「教師」です。「教師」の職責も兼ね備えています。さらに自分と共に勤務している「教師」についても子どもと同様、それぞれの特徴を十分に見極め、それぞれの可能性を十二分に引き出すこともその職責であると考えます。

　以上のことがよく機能すれば、一人一人の「教師」が「教師」としての職能を十二分に伸長させ充実感をもちながら職務に精励することができるわけです。管理職は子どもと共に「教師」も育てる職責があるのです。この過程で管理職としての職能を伸ばすことにもなります。

　このことは学級担任が「学級経営」に取り組むことと、とてもよく似ています。なぜでしょうか。「学級経営」は担任教師がその学級の子どもたち一人一人をよく観察したり共に活動をしたりしながらその特徴を十分に把握することが基本になるからです。

　具体的には子どもの特徴を把握するとは、彼らの得手不得手を知ることです。そして、子どもの得意なことを生かして活躍する場を提供して、子どもがそこで活躍する。その事実を学級の中でほめる、このほめるということがとても大切で、次に不得手な分野にも挑戦してみようとする意欲を喚起する。子どもの可能性を広げることへつなげるのです。

この一連の取り組みは学級内の子どもたちが互いにその特徴を認め合い、切磋琢磨する空気をつくり出し親和的な関係を醸成していくことになります。その結果「学級集団」が一人一人の子どもたちが自律的で協働的に学ぶことのできる「学習集団」へと成長することとなります。これは「学級経営」の基本的な一つの姿であると考えることができます。

■「学級経営」から「学校経営」へ

　ここまで説明したことは「子ども」が対象でしたが、この「子ども」を「教師」と読み替えていただきたいのです。職員室を一つの学級と見立てると構成員の年齢は学級のようにほぼ一律ではありませんが、その経営の基本的な考え方は「学級経営」とほぼ同じです。学級担任時代に、学級の集団形成に熱心に取り組んできた管理職は「学校経営」も上手で学校を組織体として機能的に運営することができるといわれています。

　ここで本題に入ります。「道徳教育」や「道徳科」の授業への取り組みについても管理職に期待されることは明らかです。管理職として学校全体をよく把握して管理職として「道徳教育」や「道徳科」の授業について、まずは自分自身の実践を踏まえつつ学校内にそれらの分野を得意とする「教師」を見いだすことです。そして彼らを核としながら学校全体を牽引する形で学校の研究や実践を充実させる手立てを工夫する、ということになります。さらに他の「教師」も学校全体の取り組みに巻き込むことで、この分野での実践力を伸ばす、職能を伸張させることになります。この取り組みが学校の管理職に求められていることではないでしょうか。

　くり返しになりますが、「学級経営」の目的の一つは、「学級集団」を自律的で協働的な「学習集団」に育て上げることです。それがそのまま「教師集団」にも求められていることではないでしょうか。その過程で「道徳教育」や「道徳科」の授業を充実させていく方途が自ずと明らかになると思うのです。

（齋藤嘉則）

129

できることからの一歩

■管理職の五つの役割

　校長が道徳教育の推進において、どのようなことを念頭に置きながら具体的な役割を果たしていけばよいのか考えてみましょう。

①方針の明確化と計画への反映

　　道徳教育の基本方針を明示の際に、学校教育目標との関連の説明や全体計画等への反映を示し、全教職員に共通理解を図ることが重要です。

②道徳科の時間の実質化の把握

　　道徳科の実施状況を出席簿上の記載時間数だけでなく、実際の授業を校内巡視の際に参観し、よい点も含めて状況を把握しましょう。

③推進体制の確立と道徳教育推進教師の職務遂行上のフォロー

　　研究主任等と連携して推進体制の確立と共に道徳教育推進教師が一人で悩むことがないように、その職務内容を理解してサポートが重要です。

④生徒の成長や発達に関する状況の把握

　　道徳教育の実践過程を通して変容している生徒の姿を具体的に把握すること、加えてよくなっている面の背景も分析してみましょう。

⑤情報発信や説明責任の自覚

　　自校の道徳教育について多様に情報発信し、具体的な特色や重点内容を説明することで、学校に対する理解や信頼も高まるでしょう。

　さらに、道徳教育の推進を通して、教員の資質能力向上を常に意識しておきたいものです。例えば、(1)一人一人が役割をもち道徳教育を推進する姿を見て教員育成計画を見直しながら、教職員の資質・能力を見極め、継続的な向上への支援に生かすことも可能です。(2)全教職員で、全教育活動における道徳教育を推進する学校の雰囲気や風土が大切です。その形成過程において、人間的なつながりや共に学び合う"同僚性"を

教職員が意識できる機会を大切にすることも効果的です。(3)校内巡視等の際に道徳の授業風景や板書をデジタルカメラで撮影し、よい点を本人へのフィードバックや全体に紹介をしてみましょう。プラスに目を向けようとすることです。

■道徳教育推進教師としてできること

　道徳教育推進教師の役割については、七條（2009）が学習指導要領で例示されている領域的側面と、どのようにそれらの領域的役割を果たしていくかという機能的側面の両面の大切さを指摘しています。

　ここでは紙幅の関係で機能的側面について考えてみましょう。

　まず、つなぐことを大切にするコーディネーターとしての役割です。例えば、別葉にも示されている道徳教育の要である道徳科と他の教育活動との関連を意識してつなぐこと、校内の教師相互だけでなく、家庭・地域・教育関係機関等とのコーディネートも肝要です。

　次に、促進・推進するファシリテーターとしての役割です。例えば、道徳教育に関わる実効性のある諸計画を作成することや、研修の企画や実施において活性化を促す重要な役割です。特に、道徳教育の推進には校内研修の充実が欠かせません。

　さらに、個々の教師が適切な支援・指導できるアドバイザーとしての役割です。道徳科や道徳教育における指導の充実のために、全体計画に明示されている多様な側面から適切な支援や指導を行う役割です。

　道徳教育推進教師がこのような領域的役割と機能的役割の両面を意識し、全教師の参画、分担、協力の下に道徳教育が円滑に推進され、充実するように働きかけていくことが望まれます。求められているのは、教育活動全体で取り組む道徳教育の要となる一時間一時間の道徳科の時間の確保と質の充実であり、それを支える研修機会と校内で機能する組織体制です。そのことが、各教員の教師力向上だけでなく、学校全体の活性化につながることでしょう。　　　　　　　　　　　　　　（植田和也）

引用・参考文献一覧

〈第 2 章〉

浅部航太「ねらいの明確化の支援に向けた『感謝』を扱う小学校教科用図書教材の分析」
『道徳と教育』第338号、2020、pp.27-39

植田和也「『子どもの意識調査』を読み解く」『道徳教育』、 1 月号、明治図書出版、2022、
p.22

柴原弘志『道徳教育の視座vol.6』廣済堂あかつき、2016、pp.16-28

柴原弘志『アクティブ・ラーニングを位置づけた中学校特別の教科 道徳の授業プラン』明
治図書出版、2017、p.3

横山利弘『画餅からの脱却』あかつき教育図書、2007

〈第 3 章〉

日本道徳性心理学研究会『道徳性心理学』、北大路書房、1992

加藤悦子、庭野公恵「ユニバーサルデザインの視点を取り入れた授業作り―国語科におけ
る実践から―」『植草学園大学研究紀要』第 8 巻、2016、pp.113-122

〈第 4 章〉

浅部航太「道徳教育推進教師に求められる資質・能力と効果的な推進の在り方に関する研究」
『道徳と教育』第337号、2019、pp.27-38

浅部航太「道徳科における教師のリフレクションに関する実践研究―コルトハーヘン『8 つ
の問い』を用いた対話型リフレクションによる授業改善―」『北海道教育大学大学院高度
教職実践専攻研究紀要』第13号、2023、pp.107-117

〈第 5 章〉

七條正典「道徳教育を推進する校内体制づくり」『別冊教職研修』2009年10月号、教育開発
研究所、2009

執筆者一覧

●監修、著作者

七 條 正 典　　香川大学名誉教授、元文部科学省教科調査官
柴 原 弘 志　　京都産業大学教授、元文部科学省教科調査官

●編著者

植 田 和 也　　香川大学教授
荊 木　　聡　　園田学園女子大学准教授
浅 部 航 太　　東京学芸大学教職大学院准教授
村 田 寿美子　　京都府城陽市立東城陽中学校教諭
鈴 木 賢 一　　愛知県弥富市立十四山東部小学校教諭

●執筆者（50音順）

小 原 智 穂　　広島県三次市立吉舎小学校教諭、元広島県三次市立みらさか学園教諭
川 崎 達 也　　東京造形大学非常勤教員、元東京都立川市立立川第八中学校校長
日 下 哲 也　　香川大学客員教授
小 島 啓 明　　愛媛県宇和島市立鶴島小学校教諭
齋 藤 嘉 則　　東京学芸大学教職大学院教授
坂 井 親 治　　元愛媛県西条市立河北中学校校長
田 邊 重 任　　高知学園大学教授
西 山 伸 二　　徳島県藍住町立藍住中学校校長
松 原　　弘　　大阪府和泉市立郷荘中学校教諭・教務主任
山 本 理 恵　　千葉県東金市立東中学校教諭

※2024年2月現在の所属先です。

監修、編著者プロフィール紹介

●監修、著作者

七條正典 香川大学名誉教授、元文部科学省教科調査官

香川県公立小学校、香川大学教育学部附属高松小学校教員、鳴門教育大学助教授等を経て、平成8年度から文部省初等中等教育局中学校課・高等学校課教科調査官。香川大学教授等を歴任し、令和5年度より現職。現在、日本道徳教育学会・日本生徒指導学会副会長。「中学校道徳授業づくり研究会」顧問。

柴原弘志 京都産業大学教授、元文部科学省教科調査官

京都市立中学校教員を経て、京都市教育委員会学校指導課指導主事。平成13年から文部科学省初等中等教育局教育課程課教科調査官。その後、京都市立下京中学校校長、京都市教育委員会指導部長等を経て、現職。日本道徳教育学会会長代行、日本道徳教育方法学会理事。「中学校道徳授業づくり研究会」会長。

●編著者

植田和也 香川大学教授

香川県公立小学校教諭、教頭、香川大学教育学部助教授、香川県教育委員会東部教育事務所主任管理主事、所長補佐を経て、平成25年度より香川大学教育学部准教授、平成29年度より現職。令和3年度より2年間、附属高松小学校長を併任。日本道徳教育方法学会理事。「中学校道徳授業づくり研究会」事務局長。

荊木 聡 園田学園女子大学准教授

貝塚市立中学校教諭、兵庫教育大学大学院修士課程修了、その後、大阪教育大学附属天王寺中学校指導教諭を経て、令和2年度より現職。「中学校道徳授業づくり研究会」事務局次長。

浅部航太 東京学芸大学教職大学院准教授

北海道公立小学校教諭、北海道教育大学教職大学院に研修派遣後、北海道教育庁空知教育局指導主事、北海道立教育研究所主任研究研修主事を経て、令和5年度より現職。第25回上廣道徳教育賞:最優秀賞を受賞。日本道徳教育方法学会理事。「中学校道徳授業づくり研究会」監事。

村田寿美子 京都府城陽市立東城陽中学校教諭

文部科学省道徳教育の改善等に関る調査研究協力者、道徳教育に係る評価等の在り方に関する専門家会議委員を歴任し、京都府の道徳教育を牽引する。「中学校道徳授業づくり研究会」会員。

鈴木賢一 愛知県弥富市立十四山東部小学校教諭

平成16年度から愛知県公立中学校教諭を経て、令和5年度より現職。第24回、第28回上廣道徳教育賞:優秀賞を受賞。「中学校道徳授業づくり研究会」会員。

子どもが輝く道徳授業
中学校道徳科の授業づくりから

2024年2月初版第1刷発行

監修、著作者	七條正典、柴原弘志
編著者	植田和也、荊木聡、浅部航太、村田寿美子、鈴木賢一
協力	中学校道徳授業づくり研究会

発行者　　　東谷典尚
発行所　　　あかつき教育図書株式会社
　　　　　　https://www.aktk.co.jp
　　　　　　〒176-0021東京都練馬区貫井4-1-11
　　　　　　電話　03-6435-6690（編集部）、03-3577-8966（営業部）
印刷・製本　新灯印刷株式会社

ISBN978-4-86702-074-6　　　　　　　　　　　　　　Printed in Japan